習得安全感

打破焦慮循環，

終止情緒內耗的安定練習

蘇絢慧 著

目次
contents

序——安全感，攸關一生的核心需求 7

01 安全感是什麼？ 15
資源一：自我評量安全感 22
資源二：評量在組織中的安全感 26

02 安全感的源頭：依戀關係 29

03 安全感類型 41
馬斯洛的需求理論之「安全需求」 42
追求安全感路線 47
追求成就感路線 52

04 透澈安全感：安全感穩健與否的人生效應 59
安全感匱乏的心理困擾 62
05 追求安全感和成就感的人生差異：偏向避凶或趨吉的人生哲學 73
情境一：中年要不要創業？建立個人品牌？ 79
情境二：要不要學習另一門專業，換一條人生跑道？ 84
情境三：該不該跟一個不適合的人分開，徹底結束關係？ 89
06 不安全感形塑的生命信念，讓人終日惶惶不安 97
成人後的不安全感，即是人際間的情緒反應 100

07 安全感的迷思 127
悖論：過於執著安全感，反而時常沒有安全感 130
不必執著的「非要不可的安全感」 136
人際間的控制來自不安全感、關懷則來自尊重與信任 145

08 安全感真的可以修復嗎？ 149
安全感的內在系統修復 150
修正早期生命的失誤邏輯設定 151
自我慈悲與關懷的培養 157
逐步建立新和健康的關係 159
發展高功能的心理安全感調節能力 161

09 重新「習得」安全感：過一個安適自在的生活 165
第一步：建立新的自我概念與適當界限感 168
第二步：建立安全感的新思維 176
第三步：學習敏睿的情感安撫與情緒回應的心理關照 186
第四步：積極培育精神的超越力量 202
第五步：自尊與自我價值感是關鍵 212
第六步：洞察與接受現實世界的不可控制因素存在 221
第七步：強健自我，坦然面對過往創傷的勇氣 232
第八步：盡量朝向明智的抉擇 241
第九步：為自己補充典範與楷模 251
第十步：相信「我是」的力量 261
結語——愛護自己的力量多大，安全感即有多大 269

序——安全感，攸關一生的核心需求

內心的安全感，是我們處事行動的關鍵，不僅影響你的各種人際關係，影響你人生所做的各種選擇，還會影響你對待自己的眼光與態度，影響著你的生活型態。安全感尤其和心理健康息息相關。

唯有內建基礎安全感，我們才可能在這世上建構我們想要實現的人生、成就想成為的自己，真正地往上成長，達成自我實現。

能讓你如此無所畏懼的關鍵，在於你有對自己的基本信心，相信自己無論如何都能把自己照顧妥善，面對與解決所遭遇的問題。然而，這卻也是困難的地方，因為人生一趟，著實有太多未知的情況、未知的問題。時常感到不安全感的人，正是如此聚焦在那些「我無法控制」的事上。對一個焦慮不安的人來說，把生活一切控制好是何等重要的事，但偏偏要把一切控制好、控制住，卻是那麼困難的事。這就像是拿自己的矛攻自己的盾，非常矛盾。

一心一意想要控制好周遭一切的人，不只想控制周圍的人事物，而是無論存在或不存在的，都要由自己設定好、控制好，以免萬一有個不測，自己會驚慌失措、手忙腳亂、腦袋空白，而導致極度可怕的結果。對這樣可怕的結果，腦中無法克制地會產生各種災難化情節的想像，好似只要那個情況發生了，自己就無立足之地，自己就會完蛋了、死定了。

這是落入神經迴路自動化運作的情況。長期慣性運作下，大腦習慣說些恐嚇自己和耗損自己的話，這些話很真實，但往往不是客觀事實，反而形成多慮的神經質偏向，造成慣性多慮和不安反應，以致對自己的應付情況與解決問題的能力充滿質疑、不確定、無法果斷，同時造成低自尊，無法認同自己，不相信自己的歷練足夠去因應萬變，也就更加容易慌張，心難安。

人生是因應「萬變」的，充滿各種變化、看似平靜的日常，潛藏著各式各樣的「無常」。瞬間萬變的外界，讓你始料未及，從未想過事情怎麼會變成那樣。

不僅是天災，諸如地震、大雨、洪水、土石流，又或是人為不小心造成的人禍傷害，更是難以全然避免。這如剛剛說到的矛盾之處，一心一意想控制住、控制好所有人事物的人，卻始終迴避一個「事實」的存在，那就是這世界的無常是不可控的。越想控制就越不如願，越不如願就越驚慌失措。尤其在人際關係上，「人」是生物、是動物、是多樣面貌的存在體，越是想透過控制人來獲取安全感，就越缺失與人相處的溝通、協調能力。

一味地想以「控制」手段來進行施壓、威嚇、束縛，就等於在累加未來不可預知的劇烈對抗及反彈力量爆發，也不停地削弱自己可以應對不同與人對話及互動的能力，越來越迴避與人接觸，恐懼與人互動。

因此，處於多變的人生際遇，或是經歷無常萬變的世間，不是要以「控制」來當作「面對」的方式，而是要試著發展彈性應變的因應能力，這也是韌性的一種展現。

只想以「控制的手段」來面對人世變化的人，把自己或他人或世界，都看成死的、非生物、是物體，以為只要擺布、指令、強壓，就能用暴力制服，就如同把一個無生命的物件任意挪去另一處，把自己認為該擺在什麼地方的東西，按照自己的想法擺設就可以了。正是這樣的認知想法，此種深層邏輯，使人無法與另一個人、另一群人具有相處的能力、合作的能力。因為只要他想擺布和指示，別人都應該照著他的想法和認定發生或進行。怎麼可以有人不是這樣？怎麼可以有人不照著規矩或天經地義的道理行事？這個時候，他會因為失去控制的感覺而慌張、焦慮，同時又感覺到挫折而感到憤怒亟欲攻擊[1]，想消滅對方造成的錯誤。

所以，安全感不是我們小孩時所想的那種安全感：總是有人幫我們遮風擋雨、總有人在，並提供最安全、零失誤的看顧；或是以為安全感是如《聖經》所說的伊甸園，有一位神的花園讓你安在，不用經歷人類生命會經歷的生老病死、悲歡離合，只要你「乖」、「聽話」、「順從」，那麼就不會經歷什麼困苦艱難，也不會遭遇任何患難。

這種未經世事及現實考驗的幻想，不是「安全感」，那僅是天真的期待，以及幼童心靈所產生的理想生活。別忘了孩子的階段是處在被保護中的狀態，尚未啟動自身的潛能，可以以己之力去面對人生的際遇。

真正的「安全感」雖然有渴望穩定、安全的心理需求，但其實是一個多層面的概念，影響著人的情緒、認知以及行為。安全感源自於人對自身環境、與他人的關係，及自我認知的穩定性和可預測性的能力，進而在社會環境中，人能感覺到自己可以自在地表達自我、提出意見而不必擔心負面後果，此種基本信任感是我們人際安全感的重要根基。這種安全感鼓勵開放溝通、創新和風險承擔，是

1. 一九三九年時，杜拉德（J. DOLLARD）等提出挫折攻擊假說，認為當個人所欲達到的目標受到阻礙時，就會激發其攻擊性驅力，而出現攻擊行為。通常攻擊行為大多是針對使其遭受挫折的人或物而發出。

社會、團隊或組織單位能否健康的關鍵。

由於安全感對人生的影響至關重大，攸關一生際遇與各種人生選擇，想過一個不過度控制的生活，隨遇而安，擁有面對挑戰及變化的勇氣，這絕對少不了內在安全感奠定。但安全感確實沒辦法靠不停的自我暗示就能發生，內在安全感議題，很需要能聚焦面對與討論，甚至需要重新調整與修正過往具有損害性的「情感創傷」與「生活驟變」對我們造成的負面影響，才能重建我們內在的安全感，修復我們與他人的人際安全感。

書寫這本書是基於這樣的動機與目的：希望為關心自己安全感狀態，或已有覺察自己深受內在脆弱安全感影響，導致生活困在某一處境中迴旋的讀者，有完整且深入探討的歷程。透過書籍閱讀，進行內在認知溝通，也可嘗試為自己找到一些情境，重新調整自己面對及解讀的方式。不論拿起本書的你如何使用本書訊息，希望都有機會讓你更理解自己的內心世界，更覺察與外在世界的關聯，有機會重新審視安全感之後，真正踏上自在安心的幸福道路，感到自己內在的安穩力量，應允自己開展更大的人生地圖、走往更寬廣的地方，離開過往受限視野，真正品味這充滿著各種體驗的豐盛世界。

01

安全感是什麼？

我雖然沒有做過正式的社會調查，但作為一個諮商心理師的生涯中，所遇到的人，無論是我的諮商當事人，或是上我的心理課程的學員、學生，又或是擔任心理講座時聽到的提問，許多人都會自我揭露與敘述：「我是一個很沒有安全感的人。」

不論我有沒有主動談到安全感的議題，為什麼人們的主述幾乎都會談到「安全感」呢？他們是如何關注或察覺到自己沒有安全感的呢？「安全感」究竟該如何體會和運作才能稱得上「我有安全感」呢？

這給了我很大的靈感，產生對「安全感」極大的興趣。到底安全感的發生，是主觀認定才算有？又或是需要客觀的事實呢？我時常在社會上發現弔詭又矛盾的現象，顯示人們對「安全感」的知覺十分混淆，且許多時候認知和行為反應還十分錯亂。

例如：我們可能對政治上的險峻局勢毫無感覺，卻對身邊的人不開心的情緒極為害怕；或是我們在工作中叱吒風雲，無往不利，卻非常焦慮原生家庭裡父母長輩的叨唸和責備；又或是我們在外人眼中堅強能幹又聰明，卻打從心底恐懼不被喜愛而遭受被遺棄、被淘汰和被人際排擠的噩運。

就人的心理需求來說，我認為「安全感」和「自尊」相同，皆是一個人內在的根本，是一個人成長的地基，至關重要，不可缺失。但它卻無聲無影地讓人抓不著、摸不透，無法確切掌握究竟該如何做才能具備實實在在、有價值、有功能的安全感，反而常被一團說不太清楚、講不明白的不安全感感受所拉扯與支配，平白無故造成許多人生的損失和危害。

「**安全感**」可以溯及到哺乳類生物的本能機制。任何動物都需要隨時偵測環境安不安全、會不會危害生命，以此來讓自己可以生存下去。因此，我們的原生情緒裡，透過演化和基因遺傳，即內建「**恐懼**」情緒，來讓我們懷疑環境是否「**危險**」，小心翼翼地感知及偵測來者是否有敵意，並謹慎地透過氣味、迂迴、環繞、聲響來進行各項確認，到底是要準備攻擊？還是要準備逃跑？這是我們在受到外在環境威脅時，瞬間壓力所引發的情緒動力，讓我們在一瞬間沒有時間多加思考時，即能做出生物本能反應，這個反應以「衝動」的形式爆發。

這原本要讓我們「活下去」的原始機制，也就是「安全感反應」。因為人類的生活有大量被製造出來的負面經驗，像是童年逆境、負面情感經驗、情感創傷、家庭暴力或虐待，以及成長過程各種遇過的人際關係傷痛，都使這原本要幫助我們順利生存下去的偵測能力，演變成讓我們極為敏感焦慮、不安恐慌，還有大量的行動受阻與自我設限的情況，使我們的人生變得非常不順利，連基本的好好生活都顯得艱難，舉步維艱、動彈不得。

安全感的產生有主觀因素也有客觀因素，但不論是主觀或客觀因素都與個人的心理作用的認知解讀、情緒經驗有關。有些人非常怕蛇，有些人卻不，還可以在手掌把玩；有些人非常怕蟑螂，經常嚇到面容失色，但有些人卻一點都不怕蟑螂或毛毛蟲之類的生物，甚至著迷；有些人熱衷坐雲霄飛車、進行高空彈跳或各種高度刺激性的活動，而有些人卻一點都不願意嘗試，只要有些高度或刺激性，則退避拒絕。這些情況都在在顯示安全感有獨特性和差異性，和主觀的認知判斷和情緒經驗極為相關。

安全感，是哺乳類非常重要的感覺，也是基本需求，與生存有關，也與生命經驗的拓展有關。必須要獲得安全，哺乳類動物的生命才能活下去，並順利繁衍。因此，為了因應安全感的需求，大腦裡內建了一處可以隨時偵測環境是否安全的情緒中樞，又稱情緒腦，製造也儲存我們熟知的「恐懼」情緒，並透過神經迴路聯繫一種「可能致命」的威脅反應，好讓我們小心謹慎、避免喪命。

因為感知到威脅與危險，極快的神經迴路反應過程，瞬間激起了不安、焦慮等等高壓反應，再迅速自動化推動求生機制，究竟要迎面攻擊、克服威脅，採取戰鬥？抑或是要盡快逃跑、爭取求生機會，採取逃命策略？如果兩者之間無法順利產生決策，又或是受到過大的衝擊，那麼身心的反應會是僵住、認知凍結、失去行動力，更可能因為壓力過大造成人的內在運作系統瓦解、破碎與崩塌。

無庸置疑，安全感對任何生命來說都是極大的需要，但弔詭的是，活在這真實的生態環境中、生存的供應鏈裡，生物需要掠食他者，而生物本身同時也受他者掠食的威脅，所以在現實環境中，沒有哪一種生命，真的可以徹徹底底的「安全」，確保一生皆在不受威脅與恐懼的環境中存活。

不僅如此，大自然還有天災的存在，即使避免被掠食，也無法確保地球的生態平衡，沒有氣候、空氣、水源的問題，即使人類努力改善與控制，但仍有無法完全避免的突發情況發生。事實上，存活本身即是充滿某些不可完全控制的部分，想要全然控制住，或死命控制住他以為能有所控制的部分或對象，往往才是最吃力與最受苦，甚至提早耗盡生命能量，失去生存活力的原因。所以，相當矛盾的情況是，越希望掌握一切以握有安全感的人，實際上是時時刻刻最處於不安全感中，受不安全感折磨的人。

如果，我們可以辨識出這樣的矛盾與弔詭，我們需要去整合與安頓這一份生存悖論，究竟是要完全被不安全感綁架，難以體會到安穩的安全感；又或是能漸漸領悟及接納存在本身即有不安全感因子存在，但不忘了讓自己大部分時刻去經驗安全感，感受生命存在的自由與心悅，這仍能取決於個人認知意識的選擇。

就人的身心健康的發展角度來說，生命活著，是為了越來越能感受到豐盛及幸福，能在此生謝幕時體悟到圓滿人生，基於這樣的理念與想望，試著涵納存在本身有不安全感因子存在，而在大多數時間能連結內在的安全感，是身為一位健康促進心理師的我，真心建議與推薦的人生態度。

資源一：自我評量安全感

安全感測驗量表[2]

從每一條陳述中直接判斷與你經常性的感受或行為相符合的程度，在每題前面填上最符合的字母。答案無所謂對或錯，因此不必對任何一條花太多的時間去考慮，只需要答出平時實際感受就可以了。

	A非常符合　B基本符合　C中性或不確定　D基本不符合　E非常不符合
	1 我從來不敢主動說出自己的看法
	2 我感到生活總是充滿不確定性和不可預測性

	3 我習慣於放棄自己的願望和要求
	4 我總是擔心會發生什麼不測
	5 我從不敢拒絕朋友的請求
	6 遇到不開心的事，我總是獨自生悶氣或者痛哭
	7 我一直覺得自己挺倒楣的
	8 人們常說我是一個害羞和退縮的人
	9 我總是擔心太好的朋友關係以後會變壞

2. 引用自 ZHONG, C., & LIJUAN, A. (2004). DEVELOPING OF SECURITY QUESTIONNAIRE AND ITS RELIABILITY AND VALIDITY. CHINESE MENTAL HEALTH JOURNAL.

10	對領導我一般是敬而遠之	
11	我常常擔心自己的思維或情感會失去控制	
12	我總是萬事不求人	
13	我總是擔心自己的生活會變得一團糟	
14	我感到自己無力應付和處理生活中突如其來的危險	
15	我害怕與他人建立並保持親近關係	
16	無論別人怎麼說，我都覺得自己很沒用	

安全感測驗量表（SECURIT YQUESTIONNAIRE, SQ）是叢中（北京大學精神衛生研究所）和安莉娟（河北師範大學教科院心理系）於二〇〇三年編製的。量表共包含十六個項目，分為兩個因數。「人際安全感」因數，共八個項目，主要反映人對於人際交往過程中的安全體驗；另外「確定控制感」因數，共八個項目，主要反映人對於生活的預測和確定感、控制感。從答案A非常符合～E非常不符合，分別記為1、2、3、4、5分。總分分數越高者，安全感程度越高，可作為自我初步的心理安全感測量，供讀者作為參考。

資源二：評量在組織中的安全感

心理安全量表[3]

另一項國際上使用在組織中的，是心理安全量表（PSYCHOLOGICAL SAFETY SCALE），這些陳述來自埃德蒙森博士（AMY C. EDMONDSON）的原始研究，原文可參考網址 HTTPS://PSYCHSAFETY.CO.UK/MEASURE-PSYCHOLOGICAL-SAFETY。

分數作答	極不同意～非常同意 1 2 3 4 5
第 1 部分：個人安全	
	1. 在這個團隊中，很容易能討論困難的問題。 2. 如果我承認錯誤或過失，我不會受到報復或批評。 3. 向團隊成員尋求幫助是很容易的。 4. 我覺得提出新想法是安全的，即使它們不是完整的計畫。

第 2 部分：團隊尊重		5.在這個團隊中，人們可以接受與眾不同的人。 6.我的隊友們歡迎我提出想法，並樂於給予時間及關注。 7.這個團隊的成員可以輕鬆描述其他人貢獻的價值。
第 3 部分：團隊學習		8.在這個團隊中，人們談論錯誤並改進，並向團隊學習方法。 9.我們花時間尋找新的方法來改進團隊的工作流程。 10.團隊成員可以提出他們對團隊計畫或決策的擔憂。 11.我們能試圖發現團隊潛在的假設，並就正在討論的議題尋找反駁意見。

※分數越高，在組織或團隊的心理安全感程度越高。

3. 參考引用自 EDMONDSON, A. (1999). PSYCHOLOGICAL SAFETY AND LEARNING BEHAVIOR IN WORK TEAMS. ADMINISTRATIVE SCIENCE QUARTERLY, 44(2), 350-383.

「安全感」和「自尊」是一個人內在的根本，
是一個人成長的地基，至關重要，不可缺失。

02

安全感的源頭：依戀關係

在心理學中，安全感通常與安全依戀的情感連結有關。具有安全感的個人，通常會展現出對於自身和周圍環境的信任、自信和穩定感。而在社會學和教育學中，安全感則可能與個人對社會支持和社會資源的感知有關，例如對於家庭、朋友、社區或學校的支持和信任度。

「**心理安全感**」若發揮在組織裡，則會顯示於諸如：組織發言、團隊合作、團隊和組織學習等社會情境。因此，越來越多領域重視心理安全感如何影響在組織中的人。說到**心理安全感**的理論發展基礎，源頭大多會溯及「依戀關係理論」。這套理論主要是說明最早的安全感基礎可溯源到我們出生之後與母親或是主要照顧者之間的情感關係的鏈結品質。

為什麼說依戀關係是安全感的基礎呢？那是因為對任何一個哺乳類生命而言，還未出生前，即與他的母親身心同步存在，共同使用母體來獲取養分及生存上的安全。在出生之後，安全感來自我們能感受或經驗到母親的存在，並透過敏感與睿智的穩定照顧環境，使我們的身心發展需求獲得回應及滿足，再漸漸形成了人活在這世界上關於安全感的認知信念與關係模式，體認究竟自己這個存在體能否平安長大、安全存在。

這一份安全，不僅僅是指生理上的安全感，如不會有飢餓發生，能夠有充分且營養的食物滋養身體，以及有利於生長的安全環境。除此之外，在心理的安全感更是重要，因為心理的安全感，我們才能相信自己在所處的世界是有一定的規則，經過觀察與模仿，心領神會之後，能從我們的體驗中瞭解到活在這個世界有可預測的運作方式，讓我們去信任這個世界，透過這些運作方式來建立自己對這世界的理解、對他人的理解及對自己的理解，然後對自己要如何在環境中與他人互動與相處，有基本的信心與能力。

而依戀理論的核心還包括對「愛」，是「情感」的體認與經驗建構。依戀理論是由英國心理學家約翰．鮑比所提出，主要探討嬰兒與其主要照顧者之間的關係如何影響人從嬰兒期到成年期的發展。在這個理論中，安全感源於嬰兒期間與照顧者形成的安全依戀關係。當嬰兒感到照顧者是可靠的、能夠滿足其需求時，他們會發展出安全感，這種感覺會伴隨他們成長，形成穩定的自我概念和具有信任基礎的健康人我關係（主客體關係）。

當依戀關係受損，特別是在重要的情感關係——家庭，發生了情感失落、破裂等創傷事件，對人的心理和情緒健康會產生深遠的影響。依戀理論指出，穩定的依戀關係對人的安穩發展至關重要，因此當早年依戀關係受到損害時，可能會引起一系列的生理心理反應和長期後果，特別是對未來的親密伴侶、親密友人關係、親子關係有至大的影響性。其中最大的影響，是人會如何形成「關係中的安全感」、「情感維繫型態」及「對愛的覺知」。

短期影響會有：

- 情緒反應：初期反應通常包括緊張、不安、焦慮、恐慌、悲傷和混亂。這些情緒可能會非常強烈，尤其是在關係突然終止時。
- 抗拒反應（否認和不接受）：面臨遭受可能失落或分離的情況，出現強烈否認階段，無法接受關係失落的事實。這是一種自我保護機制，為了減輕初期的情感打擊。

- 生理影響：依戀不安全感的高壓力可能導致睡眠障礙、食慾不振或過度飲食、心跳加速、有氣無力、頭痛、腸胃不適等生理的壓力症狀。

長期來說，其影響的範圍就更擴大了，包括：

- 自我概念的變化：依戀關係的損失可能對人的自我認同和自尊造成影響，尤其是當這些關係對自我感覺有重大意義時。例如與父親或母親的關係，對任何一個孩子來說，都是想要確認是被愛的、被呵護的，一旦有發生背叛、遺棄、忽視與虐待，其損害自我概念，貶低自我價值感與自尊低落，而造成自卑與羞恥感就難以避免。
- 信任遭破壞：受損的依戀關係可能導致信任問題，影響人建立和維持未來關係的能力。這部分可能會以極端形式呈現，如過度依賴所產生的控制行為，或過度疏離所造成的關係斷裂。
- 社交和情感障礙：持續的情感困擾可能導致社交退縮和孤立，增加憂鬱和焦慮的風險，並可能重複不健康的關係模式，無法辨識及無法終止的一再循環。例如，經常性把自己置放在危險的環境、與會貶低自己或傷害自己的人來往，並且無法終止如此具糾葛及傷害的不當關係。

由於人的心理，基本需求都是希望能體驗到愛的，當一個人自小無法從社會環境中的重要關係去體認到自己的存在是受重視的、被維護的、有保護的、被尊重的，那麼就會直接損及他對自己的看法與感受，會因此複製及內化社會環境的看法、評價與對待方式，造成自尊的損害及自我價值感低落。

但這不意謂自尊與自我概念受損的人會因此放棄尋求愛，他們依然渴望被愛、被保護及被呵護，以彌補早年生命發展中的缺失及遺憾。因此才有一句話這麼說：「**早年家庭創傷，並不能讓孩子停止愛他的父母，卻會讓他停止愛自己。**」

在原生家庭依戀關係中受傷的孩子，不但在重要關係中的安全感會被擊潰，還會產生循環以及複製的關係建立模式，在受損的自我概念中把自己卑微化及矮化，在不容易信任他人及沒有個人界限的過度依附他人之間，來回糾結與矛盾。這是由於內心強烈渴求被愛與被保護，強烈想要得到依賴及關懷上的滿足，但受傷的內在卻讓他在關係中時常感受到失望、失落，及隨時被激化與感到崩潰的負向情緒，使之對關係中的他人更快速地感到不滿意及埋怨，並再度地感到受傷與挫折。

不處理依戀關係受損，後續所造成的心理困擾及人際關係議題，也會在未來的重要關係中重複、相似地以不健康模式不停重演與再現。

早年依戀關係對人影響主要是對關係的安全感與信任感，其依戀型態主要根據人生命最早期（一般認為生命頭五年尤其重要）與重要他人之間的互動方式與情感連結的模式來區分。這些類型起源於早期親子關係研究所提出的理論，後來這些類型也被應用於預估及分析成人的親密關係。主要可以分為以下幾種：

- 安全依戀：這類型的依戀關係型態，代表人在關係中，身心感覺安全、被支持，且在情感上能自在依賴他人。他們能夠有效地表達情感，並能對親密的人在情感需要上作出回應。例如：自在地表達愛與關懷、自然地說出自己需要支持與安慰，或是展現出脆弱，也能自在地關懷他人的情緒。

● 焦慮依戀：以此類依戀關係模型在關係中互動的人，經常感到不安全，擔心被拋棄或有不被愛的焦慮。他們可能會表現出過度的尋求注意和退化地依賴行為，失去自主與獨立能力。為了要依附關係，可能把自己刻意弱化，因此更害怕失去對方後，自己會十分痛苦與無助，而產生更多監控或多疑的反應。某些層面來看，這是來自早年依戀關係的情感創傷，形成了受損的自我，對自我的概念造成扭曲，也投射出扭曲的世界觀，及形成對關係的認知偏執。容易以缺乏客觀性、彈性的觀點來瞭解關係真實的互動情況，在換位思考及同理的能力方面也會有所阻礙，困陷於偏執的負面認知與判斷。

● 逃避依戀：這類人傾向於避免親密和情感表達。他們可能覺得依賴他人是一種過於脆弱、受控制及不可取的表現，因此傾向於自我封閉，情感顯得冷漠或無感，然而是來自他們恐懼情感的來往，會造成負擔及產生情感痛苦，於是恐懼而逃避依戀關係。雖然相比之下，這是較為少見的類型，但似乎現代人有越來越多抗拒建立重要且親密關係的傾向，這類人既渴望親密關係，又害怕成為依賴的對象；不論是情感上依賴人，還是被情感依賴。

除了安全依戀類型，焦慮與逃避依戀關係的人（或兩者混合的紊亂反應），皆易感受心理不安全感，深受內在不安全感的牽扯與綁架，泛化的恐懼與焦慮，幾乎很難讓他們建立有效、正向及具有厚實基礎的親密關係，關係處於易碎型，不僅易破裂、中斷，也會出現絕決式的激烈結果，甚至反覆地在不同的關係上複製情感創傷。

每種依戀型態都源於人早期的經驗和他們究竟是如何學習與重要他人建立關係。這些依戀模式不僅會影響各種人際關係（深淺不同），也會影響人的自我認知和情緒調節方式。各種成人依戀關係的研究表明，這些依戀風格可能會隨著時間和成長經驗而變化，但通常具有一定的持續性，如果沒有進行自我修復與認知行為調整的話，一生都可能循環在某種依戀型態中。若我們啟動了有覺知的依戀關係修復，一些研究也認為依戀關係是可以修復的，除了「自我成熟度」是關鍵助力外，只要有心帶著意識刻意地練習，平均四年至七年能有明顯可見的修復進展。

人確實是有機會隨著成人之後的自我修復及自我學習，重建我們的關係認知，學習修復因創傷而受損的情緒調節系統，並重整我們受過傷的碎裂自我。我們仍是有勝算可以再生有益的大腦迴路及身心安頓技巧，以療癒後新的健康認知去和世界、和他人互動，建立具有意義、安穩和情感溫度的安全人際關係。

這給予我們一份重建人生的希望，在積極的自我關懷與接納下，我們能對自身存在於這世界感到一種心安理得的安心，並在大部分的時間裡，體驗到由內而外的平靜與安穩，當然也能感受到自己的存在是安全與具有價值的。

早年家庭創傷，
並不能讓孩子停止愛他的父母，
卻會讓他停止愛自己。

03

安全感類型

馬斯洛的需求理論之「安全需求」

安全需求理論是心理學家亞伯拉罕．馬斯洛在他著名的需求層次理論中提出的一部分。馬斯洛的需求層次理論，將人類需求按照重要性和優先級劃分為五個層次，從最基本的生理需求到最高層次的自我實現需求，爾後又加上靈性的需求層次。

安全需求位於第二層，僅次於基本的生理需求，包括對穩定環境和保護免受危險的需求。**安全需求**的範疇包括：

- **物理安全**：這包括對身體安全的需求，如居住的房屋要安全穩固，社區應該安全無暴力威脅，以及其他保護人免受物理傷害的因素。
- **經濟安全**：經濟安全包括有穩定的收入源和足夠的資源來應對生活中的未

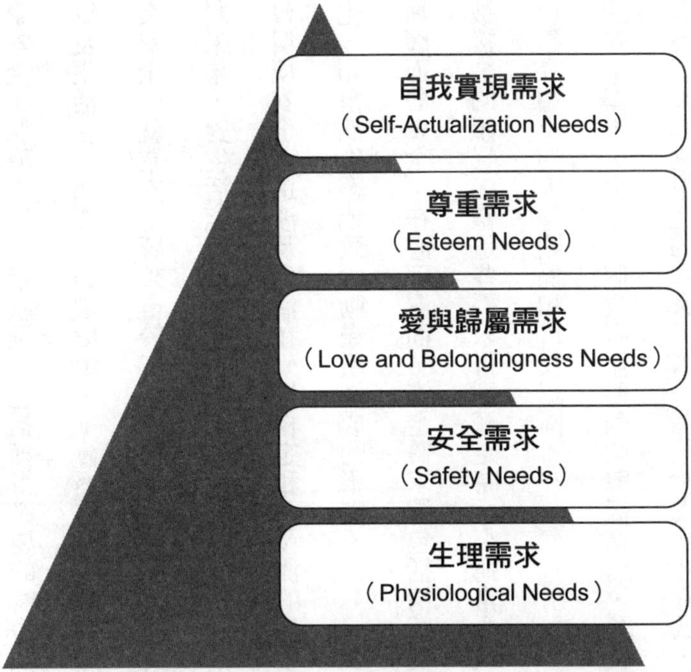
自我實現需求
（Self-Actualization Needs）
尊重需求
（Esteem Needs）
愛與歸屬需求
（Love and Belongingness Needs）
安全需求
（Safety Needs）
生理需求
（Physiological Needs）

馬斯洛需求層次的五個層級

知挑戰，比如儲蓄和保險，這可以幫助人們在面對經濟困難時感到安全。

- **健康安全：**保障人的健康狀況，包括獲得必要的醫療照護、營養食物和適量運動，以及生活在一個衛生的環境中，不會經常面臨傳染疾病的危險。
- **就業安全：**就業安全感來自於工作的穩定性和職業前景的預測性，這讓人們能夠規劃未來，對生活能有掌控感。
- **社會環境安全：**這涉及生活在一個穩定和可預測的環境中，無需擔心災難或劇烈變化，如自然災害或政治動盪所造成的不安。
- **心理層面的安全：**在心理層面，安全需求還包括情感安全，例如信任、情感連結和被接納的感覺。當這些需求得到滿足時，人通常會感到內心的平靜和安定，有助於建立穩定的人際關係和自我認同。

以上的安全需求，也是一個政府需要關切與促進的，讓社會人民安居樂業，成就有正向發展及開創量能的國家。若一個社會安全性降低，飢餓、貧窮、暴力虐待、失業、疾病問題嚴重、住處不安寧，這絕對是嚴重的國安問題，也是一個社會動盪不安的因素。

若是個人安全需求不滿足或匱乏，會發生什麼事呢？可能較容易經歷一時焦慮、恐慌或其他形式的情緒困擾。長期的不安全感導致的心理問題，如憂鬱症、焦慮症及退縮和依賴行為等情況皆會發生。這也就是為什麼安全感和心理健康之間，如此密切相關。

馬斯洛的理論認為，只有當較低層次的需求，如生理需求和安全需求充實得到滿足後，人才會追求更高層次的需求滿足，如社會需求、尊重需求和自我實現需求。這觀點強調了安全需求在個人發展和心理健康中，具有重要的基礎性作用。

換言之，若一個人的基本生理需求及安全需求未能得到滿足或確認時，他也非常難再去追求成長所需發展的其他需求層面，包括：愛與歸屬的需求、尊重的需求（擁有自尊與他尊）及自我實現的需求，無法透過摸索與成長，實現自己的潛能和自我成長的目標。當一個人的所有基本需求都得到了滿足，他們便會渴望去追求創造力、問題解決能力和個人成就感的能力，往更高層次的自我實現去進行。

透過這個理論的觀點，我引申將人生的路徑分為兩種路線與走向，一是**「追求安全感路線」**，另一是**「追求成就感路線」**。這兩種路線，可對應到是依照安全需求以下為生存重心，還是以安全需求以上的更高層次需求目標為生命重心。前者會讓人窮忙並焦慮不安於生存，後者則讓人有機會真正去創造自己要過的生活、想實現具潛能的自我。

以下再多闡述一些，這兩種人生運作的邏輯差異很大，這起源於一個人的「安全感」狀態和體會是否充實，或是時常感到匱乏與缺失。

追求安全感路線

以追求安全感為主要生命路線的人，有可能窮極一生都在為生存而奮戰、焦慮，這往往來自家庭的貧窮或各方面資源匱乏的影響。即使成人後已經脫離童年時的經濟困乏與物質缺少，但有時童年經驗是很難撼動的，尤其當這些經驗伴隨著情緒創傷，例如：自卑、遭受羞辱、感受到被輕視、失去尊嚴時，其固著的情緒感受經驗幾乎可說是盤據在認知信念底部，猶如樹根上的病菌般，很難根治。

當過往因為貧窮、匱乏或是失落而累積情感創傷（情緒加上知覺），所形成的「缺乏感」會很強烈，使一個人用一生都想去證實自己可以擁有、可以滿足，而落入無窮無盡的追求中，始終無法得到確實的滿足。

這並不侷限在物質上，也可能是針對情感上的。對一個孩子來說，生活及成長的需求有物質層面的，也有心理和社會層面的。因為人是一個整體，自然而然需求會有不同層次和不同的需求程度。

所以，即使一個家庭說：「我們家很富裕，我們給孩子上最優秀的學校，給他最縝密的栽培計畫，並全神貫注地督促他學習」，然而在情感的溫暖及同理回應也許是匱乏的，不允許孩子有任何感到脆弱或無助的時刻，不斷地要孩子面對與堅強，那麼在這樣成長環境的孩子，會感到缺乏什麼呢？他會因此害怕自己不行、無能、不夠好，造成他在信心方面的自我質疑，同時產生不容脆弱的不認輸性格。他也可能會擔心所有人都如他的父母，只要期待沒有得到滿意，就會對他以萬分失望及嫌惡的表情對待他，讓他對自己的表現感到羞愧與不恥。

所以，即使物質生活沒有讓人感到貧窮及拮据，不用困頓在無法飽餐一頓或流離失所的飢寒交迫中任由命運殘忍打擊，但在心理層面，失去足夠的正向情感體驗，也一樣讓人覺得自己心理飢餓、貧窮，是情感方面的貧窮者。如此，他或許不是沉溺在追求物質生活的不斷滿足，甚至囤積、堆貨，但在情感生活與人際關係方面，他卻會陷在害怕自己不夠好、無法讓他人喜歡及接受的恐懼中，感到自身價值的匱乏，感到自己存在的一無是處，而不停地如飢餓者一樣想要吞食周圍人的關注、情感回應、關懷，及他人的喜愛及讚美。猶如上癮者一般，非要不可，無窮無盡，沒有滿足的時刻。即使一時獲得，也會恐慌再度失去，而顯得亟欲控制與吞噬。

日本動畫家宮崎駿所製導的《神隱少女》，劇中的無臉男角色即像這樣的一個例子。好似很飢餓地吞食掉周圍環境那些關注與追捧的矚目，然而因為那是來自內心的空虛與茫然，無從真切地瞭解及認識自己，只要遭受一個拒絕，不想與他接觸，就瞬間掉落、凶性大發，感到無比憤怒與殘暴，然而那卻是內在最底層的自卑與脆弱所化成的惱羞成怒。

一生無意識地沉溺在**「追求安全感路線」**的人，生活周圍其實處處可見。例如只要新聞播出缺蛋、缺菜、缺米或缺什麼物資，追求安全感路線的人會省略非常多的「評估」與「理性思考」過程，去辨識消息可靠性、嚴重程度如何、會造成什麼損失？對匱乏感或貧窮感強烈的人，最怕的事情無非是「我沒有」的那種感覺，幾乎到會恐慌的程度，要趕緊反應才行，「審視評估」對生存者來說是種奢侈行為。他內心系統的認知和情緒會冒出非常可怕的非理性信念，以一種「沒有的話，我就死定了」、「媽呀！我好討厭沒有的那種感覺」、「我怎麼可以沒有，沒有真的太可怕了」……種種非常災難與恐慌的念頭，讓自己在情況中更加焦慮、不安，覺得只要稍微沒有擁有某件物資，生命就要遭遇不測、就有危險了。

但只要冷靜及客觀地想一下，這世界物資的生產情況，以及政府會進行的管理及配置政策，又或是街坊鄰居、親朋好友的相互支援及分享，那些一時有狀況的物資缺乏都不會延宕太久，一定會被解決的。就算是真的某種物資越來越少，少到在這世界不存在了，也都會有替代性的其他產品可以替代，只要我們保持彈性因應的態度與策略，就能讓自己的生存具有韌性及多元方法。

只要不是戰爭狀態，能活下去其實沒那麼困難，但災難化及負面念頭，以及對於「滿足感」的標準過高，無法體會足夠及安全是什麼感覺，才是不停威脅我們會活不下去的主要原因。

再來是，「**追求安全感路線**」的人會一直把「安全感」視為人生最重要的事。所有人事物的建立及過程時時刻刻皆在偵測是否安全，因此也把「安全感」視為最重要的需求項目。不是說安全感不重要，而是聚焦追求安全感的人，關注的及在乎的只剩下「安全感」，可想而知，越在乎什麼就會越關注什麼。相對於重視自己的成就、能力、信心或是目標的達成，追求安全感的人只會把所有精力都放在安全感的確認上，而無法從情境或事件歷程中多加發現、累積其他的生命體會及學習的領悟。

於是，人生一直在進行、一直在歷練，只追求安全感的人仍是在中、老年時期，持續地感到害怕不安全，沉浸在害怕什麼要失去、什麼要沒有了的那種恐慌心情裡，稍微只要沒有掌控好什麼、沒有盯好東西，那些自己所執著要看緊抓緊的東西就會不見了。造成了生活無法斷捨離，無法日漸過簡約、輕盈的生活，以致終其一生都在負重且依舊匱乏的黑洞心境下，對人生感到不平、不足與怨恨。

追求成就感路線

著重追求成就感為主要方向的人，其基本安全感是俱足的，他不需掛慮什麼不安全的因素，不論是食衣住行、經濟上的不安全，或是人際關係中的心理不安全，因此節約了更多的能量與資源，專注地放在自我成就及自我實踐的目標上。

某個層面來看，我們確實會從比較具有家庭資本的人身上看到這一份氣定神閒，這或許和幼年時要擔心的事不多有關。家庭相對上，不論在經濟、物資、資源、教育，以及陪伴上都比較穩定，孩子需要擔憂的事情就沒有那麼多，可能大多數的時間只需要關注自己的遊戲、各項學習以及校園生活。當然，家庭內的依戀關係也能提供安全感與親密感，父母成熟與性情穩定就不用害怕父母的爭吵、情緒及肢體的暴力、壓迫與充滿負面的否定，當家庭環境大部分時間是正向及健康的，孩子才有機會在成長過程，聚焦在摸索自己與發展自己。

穩定及具有陪伴力的家庭，讓一個人在成長中沒有太多生活的阻礙及困頓，可以有較多生命能量去追求安全感線之上的「愛與歸屬需求」、「尊重需求」及「自我實現需求」等。

當然我們也可以看到社會上一些幼年生活過得很辛苦也有所缺乏的人，在成年後仍成就非凡，也獲得社會的肯定及尊重。這樣的人為什麼可以做到不斷地去提升及發展自己的潛能，不停突破自己的限制呢？

能不受限或受制於幼年的貧窮及匱乏，因素肯定是非常複雜的，個人的特質與性格是非常重要的關鍵。某些層面較能放開童年不如意或辛苦的生活記憶，對自己的生命抱持的態度有基本的「接納」與「肯定」，相信自己的人生是來實現某種願望、某些創造、某些意義，或是想做到某些改變，都可以讓一個人具有意志力及韌性去克服早年生活的不順遂及不穩定，並透過自己的能力，為自己建構穩定和安全的生活，往自我實現的成就邁進。

雖說擁有穩定及不匱乏的家庭資本，能讓一個人的生存擔憂少一點，比較有餘裕的時間與空間去思索自己、考慮自己，追求自我成就，然而還是可能找到相反例子，這時就需要去考慮心理安全感的缺乏，對自己的存在價值與能力是否都是存疑的？

相同道理，即使幼年家庭資本匱乏，家庭環境不穩定及受困於貧窮，但若一個人自小就能體會到自己的能力、才華的展現，或是能懷抱希望與夢想，希望長大後的自己能成為一個具有力量、能力及證明自己存在價值的自我，那麼他仍然可以在後來的人生，踏上自我生命成就的道路。

對於幼年時生活在匱乏中的人，要一路不放棄自我，再一路面對與克服諸多問題與挑戰，其艱辛程度可能讓身心能量消耗過度，在後來會遇到身心健康問題，或許當他走到真的能證明自己的存在價值與意義時，他的生命會面臨健康的大崩潰。

雖然遺憾，但相對於一生困頓於安全感匱乏的人，沒有機會認識自己、探索自己與發展自己，只能每日困陷在沒有安全感的莫名焦慮與終日惶惶不安中，或許人生雖短暫，還是能走到實現自我價值的人，內心的豐盛成就感或許還是讓他感受到心滿意足與無憾。

我認為雖然早年生活環境及家庭資本對一個人的塑造性及影響性都是巨大的，不能否認，穩定的家庭條件與資源還是較有機會為個人啟動聚焦在有成就的人生。這也是社會貧富差距越大，或家庭條件差異越大所造成的個人不公平，越是底階層往上爬的代價與成本也越高，這也使現代有不少人產生不想努力與奮鬥的念頭，只想追求最基本的生存所需就好，也就是只看今天怎麼過，不去期待明天怎麼過。

若是真的過上這樣的一種人生，無法規劃什麼，也對未來不抱有任何希望，更不相信自己的生活能有什麼改變的人，就只能在安全線之下載浮載沉，直到耗盡生命的那一天到來。

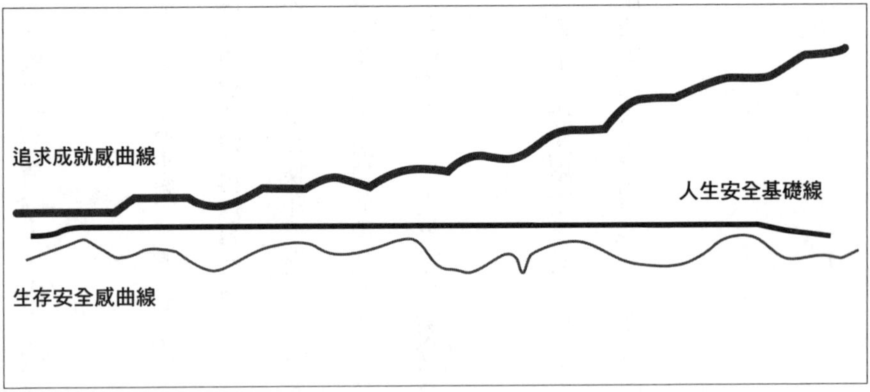

圖：追求安全感及成就感人生曲線的差異

不相信自己的生活能有什麼改變的人，
就只能在安全線之下載浮載沉，
直到耗盡生命的那一天到來。

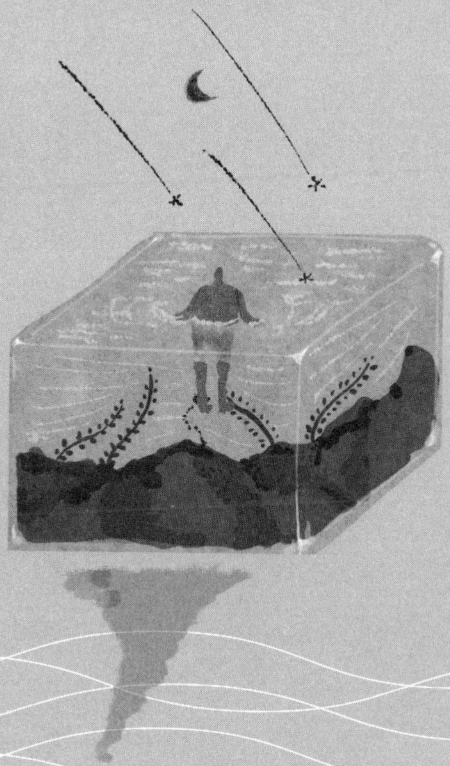

04

透澈安全感：安全感穩健與否的人生效應

安全感程度決定一個人的世界有多大，他能勇闖到哪裡。安全感低落的人會有明顯的社會不適感，人際交往中易感到不自在感及自卑感，擔憂多，情緒則易低落、緊張不安，並時常感到威脅等等。基本上，即是對自己的存在，沒有基本肯定、自信和認同，無法擁有個人的生命價值感，因此他的世界會封閉而狹小。

很沒安全感的人，同時也會是一位生命基本價值感缺乏的人。所謂的生命基本價值感的意義是指：人都有其長處與天賦所在，不會十全十美、完美萬能，但相信自己活在世間，仍可有自己能貢獻與施展能力、力量的所在，包括實踐美德或品格，做一個具有基本價值的人。

因為對自己的存在具有基本肯定，擁有基本價值感，我們在成長過程進行各種經歷、學習與社會互動時，才能建立自己的基本自尊、自我認同和自我肯定。

當一個人對自己的存在感到懷疑、不確認，甚至抱有根深柢固的信念：「我是麻煩」、「我很惹人厭」、「我會被拒絕」、「我是弱小低階的」……等等早年原生家庭或社會環境給予的負面對待經驗，以致人感受到滿滿的被排斥、被拒絕和被嫌惡時，他生命的基本肯定會受到損害、破壞。

之後，他的人生會在沒有生命核心價值的狀況中，對自己的存在感到徬徨、驚慌失措，他會十分不安這世界沒有能讓他安心存在、安心做他自己的機會，因為這世界充滿著各種對他的批評、嫌惡、敵意，甚至所感覺到的氣氛都是要對他不利的、要傷害他的。

失去生命的基本肯定與基本價值感的人，在生活中，所關注的注意力很難安穩地聚焦在「自我」，所思所想很難奠基於「我喜歡什麼」、「我自己想要做些什麼」、「我想成為什麼樣子的人？」、「我想過的生活要怎麼達成？」根本上，心理充滿不安全感的人對自己的生存是不具安心感、放鬆感和接納感的，不是淪陷在時刻的比較與競爭中，就是不停自我懷疑什麼時候要遭受環境而來的致命打擊和傷害。

這也會影響人關注的焦點會放在自己的一言一行是不是ＯＫ？有沒有讓人不高興、不愉快？有沒有一不小心招惹了誰，導致被陷害、被欺凌？是不是一不注意，就會得罪誰，導致誰對他進行報復或批評，甚至會不會一不注意就被討厭、被排除等等。

可想而知，滿滿的恐懼與對人際互動的提心吊膽充塞心裡，不論想法念頭，或是情緒感受都激起不少「不安全感」的反應，使人不是焦慮萬分，就是很想迴避躲藏，身心所感受到的壓力，讓自己猶如待宰羔羊，寸步難行。

安全感匱乏的心理困擾

安全感匱乏意謂「內心沒安全感」，是一種常見的心理狀態，通常指的是人對自我價值、因應能力或在特定關係中的地位感到不確定或擔憂的情緒。這種感覺可能源於多種因素，包括：過去的經歷、人際關係中的不穩定性，尤其是童年原生家庭的經歷影響最深。這也增加了對未來的恐懼及不確定性，加上早年發展中有控制傾向（對於無法控制呈現焦慮），害怕失敗或損失，都會強化不安全感的發生。

不安全感在心理學上與多種問題有關，因為不安全感而引發其他心理狀況，是常見的情況，畢竟人是複雜的生物體，同時也是一個整體，因此安全感匱乏所造成的心理困擾，也就隨之衍生。其中包括：

1 低自尊

不安全感與低自尊緊密相關。當一個人不確定自己的價值或能力時，他可能會發展出一種持續的內在負面對話，不斷批評自己、貶抑自己，造成進一步削弱自尊心及自我價值感。

2 社交焦慮

不安全感也可能導致或加劇社交焦慮。因為人可能會過度擔心他人的看法，害怕在社交情境中遭到拒絕或評判，容易因為緊張與焦慮，而更迴避與人交談或社交參與。

3 依賴性人格或過度依賴

不安全感可能促使某些人過度依賴他人的確認和支持，以獲得安全感和自我價值感。這可能導致依賴性人格障礙或在關係中的不健康動力，非常強烈需求他人的認可、過度依賴他人的支持與照顧，因此更難建立穩定的自立感，以致懷疑自己、弱化自己，甚至退化行為也就相繼而生。

4 人際關係問題

不安全感可能導致關係中信任的問題，影響人建立和維持健康關係的能力。

可能出現過分懷疑、控制行為或者對親密伴侶的過分依賴，透過強烈需求，去占據伴侶的時間、空間、隱私範圍，而導致一連串關係的衝突、不愉快、不健康的互動過程。

5 情緒調節困難

因為不安全感會引起強烈的情緒波動，所以時常受心理不安全感衝擊的人，在情緒調節上便容易遇到困難，尤其是在面對壓力或挑戰時，瞬間引爆的壓力指數，讓內在的情緒調節功能無法運作，難以安撫及安頓情緒的波動與張力。

6 恐懼失敗和完美主義

心理不安全感可能使人極度恐懼失敗，導致他們設定不切實際的目標或追求完美無瑕，於是這種壓力更導致焦慮和憂鬱。因為內心無法聚焦在自己的長處與才能，更容易注意到自己的弱處與限制，於是自我暗示會失敗、貶低自己的能力，以及強烈嚴厲地批判自己，都使他們更因此自亂陣腳，應驗了失敗與挫折的發生。

7 導致憂鬱及焦慮的心理健康疾病

長期的心理不安全感，有更高的機率導致持續性的情緒低落、失去興趣或缺乏快樂感，進而引發憂鬱或焦慮症狀，鬱鬱寡歡、憂慮成疾。因此，安全感與心理健康的關聯性非常密切。

一個人的不安全感影響深遠，不只影響心理及情緒層面，還可能對人的行為、人際關係和整體身心健康造成長期負面影響，生涯及人生處境的抉擇等等也會直接、間接受內心安全感的影響。理解並處理不安全感的根源，對提高我們的生活品質和心理健康方面至關重要。許多情況下，透過心理諮商治療和支持性的人際關係是可以有效地處理和緩解不安全感，雖然是需要一段修復及重建的歷程，甚至可能以年計算。

總體而言，不安全感造成的人生影響是毋庸置疑的，導致的人生問題及人際關係痛苦，也是顯而易見的，這些包括：

- 身體的不安全：因貧窮、飢餓、缺失營養所造成。或身體時常病痛、身體受暴力或侵犯等因素，也會造成人身安危的不安全感。
- 心理安全感缺乏：依戀需求缺乏、經常感到被忽視、感到被拒絕、害怕遭受排擠與遺棄而有各種憂慮及情緒困擾。負面的念頭與評判也會經常性出現，容易自我批判與自我指涉。
- 人際關係與社群關係不安全感：經常有自卑與羞恥感（價值感、自尊、歸屬的缺失），當在關係中出現自我貶抑時，可能因內心脆弱導致退縮與迴避，或是攻擊。
- 存在不安全感：失去實現自我的目標、無希望感、無意義感、存在的孤寂感等。對於自己的存在及未來，不抱有任何希望，直覺上只感覺活著就是受苦、受傷。

在第三章，我提及到兩種人生的路徑走向，關於人活著的重心傾向：一是追求生存安全感，另一是追求生命成就感。如果我們心理缺乏安全感，以沒有安全感為生命的底層邏輯設定，那麼我們會自然而然地朝向追求「存活」這件事。這來自一種心態：「要活下去這麼困難，我已經活得好累，怎麼可能再去追求什麼更高的目標、更好的生活品質呢？我只能苟延殘喘地勉力活著，能活著已經是我費盡氣力的事了。」

究竟自己是淪陷在「追求生存」的無情殘酷現實中，還是相信這世界是展現自我的創造力與才能的所在，透過自我深層的覺察，應可略知一二。從認知的取向來說，活在生存焦慮中的人，較多建構的是「悲觀角度」，容易發現事情困難與有問題的地方，以否定與質疑的態度去看待周圍人事物，包括對自己。

而活在成就動機的人，會較從「樂觀角度」思考，焦點會放在「要用什麼方法才能成功？」、「我要如何改善才能達成目標？」、「我需要去哪裡請益或找到資源？」、「哪些方面作對了、成功了，我能如何複製？」

不是說追求成就路線的人不會遇到困難或者做錯決策，他們一樣可能會走錯路、做錯決定，又或是可能要成就的那條路充滿荊棘、顛簸難行，然而追求成就取向的人，其思維和觀點的角度會看向要把自己設定的目標達成，因此在問題解決方面會較果斷及明確。其內在思維邏輯不希望耗費太多能量及成本在懊悔或責問自己：「為什麼做錯決定？為什麼出錯了？」反而因為知道一條路行不通，而更能辨識行得通的路是其他條，讓調整後的改變與改善帶來的是實現的契機與成效。

這就較接近心理資本的構面所論及的四個特性與素質：希望、自我效能、樂觀和復原力。心理資本足夠能讓一個人不會沉浸在揮之不去的負向情緒中，即使有逆境與困難，內在足夠健康（有底本）的心理素質能讓他找到調適的方法及需要調整的認知、態度及行為。

當然，悲觀的角度也是這世界需要的一種角度，一片樂觀與叫好卻看不見問題的核心，恐怕不是一件好事，總要有人持相反意見，並看見可能造成損失及危害的問題點，對於整體發展也是一種助力。所以，問題不在於人不能悲觀、只能樂觀，而是在於我們是否過度且偏頗地只死守在一個角度，並讓那個角度支配我們，忽視了客觀事實的評估及可以行動的策略擬定，甚至引發大量失真誇大的情緒效應，誤讓我們以為唯有那個角度看見的才是唯一真實，這才是更嚴重的問題。

保有悲觀的角度思考，可以讓我們先預估問題，及可能不會順利成功之後，可以因應的措施或姿態。然後，同時也能有樂觀的能力，讓自己保有能量去面對後續的歷程。所謂樂觀，並不是天真的幻想與期待，以為不需要去務實面對，事情自然就會順利且成功。心理資本中的「樂觀」特質，其實更聚焦在失誤或困境中的人能看見自己的獲得、習得，而不致於被大量的挫折感及失敗感擊潰，造成不可修復的自我損害。

說到這，或許可以告訴自己，是時候好好省察與覺知自己的安全感狀態了。

若發現許多身心及人際問題的根源皆起源於不足的安全感，那麼想方設法尋求重建與修復的資源及管道，或許這會是調整人生根本問題的解決之道，及時重塑一個具有心理安全感的人，讓自己的世界真正地開闊、明亮。

及時重塑一個具有心理安全感的人，
讓自己的世界真正地開闊、明亮。

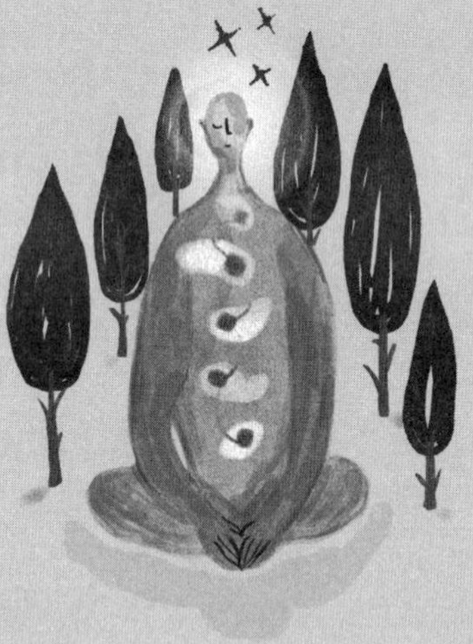

05

追求安全感和成就感的人生差異：偏向避凶或趨吉的人生哲學

「追求安全感路線」，我將它進一步再定義為「**避凶人生哲學**」——**避凶派**，這類人生哲學，會以「恐懼」與「焦慮」為底層情緒。前面提過，大腦負向情緒的作用、功能和目的，即是為了偵測危險訊號、威脅來源，因此若我們對自體存在目的，設定在「小心危險、避免受傷、不要嘗試」，那麼我們的大腦必須提取大量的負向情緒隨時備用，如此才能因應你凡事想到壞的可能、壞的結果，及擔心與憂慮過程中會不會少想到一些什麼，就會發生很可怕的事。

有「避凶人生哲學」的人，不太相信自己的能力與資源，可能從小到大的印象，都是自己被欺凌、被否定與排斥，還有面對大量的環境不安全，像是家長的暴怒情緒、家庭的貧窮拮据、家族關係的紛爭與衝突……等，讓避凶派的人，在幼年即已感受到世界的危險與可怕，還有不能稍加放鬆，否則就會突然發生傷害或災難。

越是不安穩的社會環境，包括社會風氣、家庭氣氛及人際關係型態，多處於困頓、不和諧、危險，及各種衝突及對立，生長在那個年代的孩子，被耳提面命生存必須要以「避凶」為先，自然也會比較常發生。

尤其若是聚焦在我們臺灣社會，隨著政治的變化從戒嚴到解嚴，或是以經濟發展的軌跡來看，從貧窮困頓到中小企業林立，年代的巨輪帶來的衝擊及改變，你必然會從不同年代的孩子身上，看見人生哲學的變遷及差異。

過去的年代，有一口飯吃非常不容易，要獲得一個讀書的機會、升學的機會，是很多人想也不一定能如願的。甚至千辛萬苦想考一個公職、教職、軍職，就為了希望不用太擔心飯碗不保、生活無以為繼。同時還要背負改善家庭經濟的重擔，不能太有慾望，只顧自己需求的滿足將被視為「自私」、「冷漠」及「不懂事」的惡劣之人，人活著必須為大群體，像是家族、家庭或是組織奉獻及付出。

但隨著時代的變化、經濟條件的提升、各種投資行為的興盛，現在的孩子有的從國小或中學就開始好奇基金投資。因為大學的普及，若不是自我設定非讀到什麼學校不可，不然受高等教育、讀大學也是命定的一部分，根本不需要去考慮或疑惑升學對自己的意義。

因此，演變的人生哲學自然和過去的年代差異很大。所想的人生事，可能不是為了「避凶」，避免被淘汰或擔心無法養活自己及家人。他們所想的是什麼才是自己人生想要過的生活？生活的意義和目的究竟為了什麼？若是要很努力才能生活，卻活得不快樂，還得這麼做嗎？

常見的差異之一是，過去年代的人聽到了上層（主管或父母）命令，不問一聲就會趕緊去做，深怕一個停頓或動作慢就挨罵挨揍。而現代的孩子，聽到了主管或父母的指揮或命令，他們立即的反應不是馬上去做，而是發出一個疑問：「為什麼要？這麼做的意義是什麼？」

所以，如果將整體社會發展的歷史脈絡及發展軌跡拉開來看，你可以看見各種世代的人，必然有那個社會環境下因應而生的思想意念、情感狀態，以及行為模式。從嬰兒潮世代、X世代、Y世代、Z世代，以及α世代，現在全球人包含著這五個世代的共存，世代的劇烈變化和迅速發展，沒有人攔得住，卻也沒有人可以迴避經歷世代變化下帶來的各種進步和各種混亂。

世代快速變遷，可能五年、十年就換個思維、價值觀及人生參考架構，每個世代皆由不同的社會文化環境與生活經驗形塑而成，經濟條件的穩定甚至富足，以及人的獨特化越來越被強調，人們從人際關係的依附及牽扯中，漸漸地解除與群體的依附需求，獨身及單身的人也越來越多，有數位網路即可過人生的人也逐漸出現，過去以為的生存必要安全感條件，未必在未來也會被認同同樣具有重要性及價值性。

在時代快速變化下，幾乎快要找不到一種「不變的價值」或是「一如既往的意義」時，「追求成就感路線」的人，將被慢慢注意，也漸漸地取代過往那種保守的、守舊的、不要有意見的聽話文化。這些人積極地嚮往成就，能朝向「趨吉」的人生，以「希望感」與「積極」等正向情緒為人生動力來源，在此稱為：趨吉派。

當然，對我們每個人來說，「趨吉避凶」的反應及評估都會發生，並不是絕對的偏頗，但究竟是偏向哪一邊，或以哪一邊的哲理做主導，仍會產生完全不同的人生路徑及歷程。

大家都聽過一個例子，主要是說兩個賣鞋的商人，一起到一處偏遠的地方去評估市場。他們一到當地之後，看見所有人都沒有穿鞋在路上行走。甲商人立刻就表示沒希望了，他說：「這裡的人不穿鞋啊！我的鞋在這裡賣不出去，算了算了，這裡不能賣鞋。」乙商人則露出欣喜雀躍的表情，充滿希望說：「太好了！這裡的人還沒開始穿鞋，他們都是我的顧客，我要把我的鞋賣給他們。」

這個例子，都在呈現同一件事，從不同角度會產出不同觀點，其實沒有誰一定對、誰一定錯，關於未來的事誰也說不準。但是，這顯示兩個人不同的性格及思維所產生的反應，包括情緒反應及行為反應。而不同的思維、情緒、行為反應，將讓他們的人生做出不同的選擇，也走向不同的方向。

這個例子正好也可以用來說明甲商人較以「避凶」為人生哲學，追求安全感的需求，擔心虧損及造成不好的結果。乙商人則以「趨吉」的人生哲學角度來思考，主要著重在發現希望、看出可能性，及擁有不同的策略能力，來讓自己目標達成、趨近成功。

當然不論是哪一種人生哲學，都不能脫離現實，或許評估角度不同，擁有的資本和條件也不同，所以產生不同的評估觀點，但只要立基在務實的、確實的與實際上的評估，都有其意義和功能。若是失去客觀務實的評估，那麼不管是避凶派還是趨吉派，都可能是在霧裡找路，弄不清楚方向與路徑。

在建立於務實與客觀的評估上，我們來舉些例子，試試從情境中，去理解及洞察個人在不同哲理的人生發展過程，會如何朝向「避凶派」或「趨吉派」，又會各自產生哪些認知、情感與行動上的差異。

情境一：中年要不要創業？建立個人品牌？

累積了一段工作的經歷，過著朝八晚五的上班族生活後，感覺到自己精力耗竭與工作倦怠，免不了生出一些念頭：「我還要這樣下去嗎？感覺到自

> 己只是一種做事的工具，壓抑自我，不再對生活抱有熱情，這樣的生活是不是應該要有所改變啊？是不是應該去摸索及探究自己真正想做的事是什麼呢？現代人好像都在做個人品牌，我是不是也做做看製作或設計什麼產品，讓自己也擁有屬於自己的個人品牌呢？」

透過上方的問題陳述，若是你可能會有什麼立即性的想法或反應？

並進一步分析看看，你認為避凶派及趨吉派可能會產生怎麼樣的認知信念、情感態度，行為舉動會如何呈現？

【避凶派】

認知信念：

______

情感態度：

______

行為舉動：

【趨吉派】

認知信念：

情感態度：

行為舉動：

我的見解

人是多樣性的，同時也是複雜的整體，在避凶派與趨吉派的反應中，一定也會有些微差異，以及獨特性的不同。但因為人的情感態度及行為動作反應方面，核心的推動器來自「意識」，也就是認知信念提供的框架，讓人有可預估性可以去分析及推敲他的行為背後可能基於什麼樣的動機、認知框架、需求和期待。

以第一個情境的例子來說，避凶派的人會傾向壓抑那些產生的人生疑問，關於自己是否還有什麼熱情？有沒有還沒有完成的心願？又或是要不要闖闖事業，讓自己有代表作……等等問題，避凶派會更傾向不要離開既定的環境、熟悉的工作，也就是我們常說的舒適圈。他們對於「已知」太需要、太重視了，要無中生有、在未知中摸索，對於避凶派的人，會感到壓力巨大，情緒超載。為了減少、降低身心的不適感，加上他們也十分不喜歡生活的變動，因此他們大多傾向在一個工作或一個地方長期待著，那種不用掛慮不安變動及未知，反而才能給他們感受到一些放鬆與安心的機會。相較於想著自己創業的夢想，知道每一天要怎麼過、要面對及應付什麼，對他們來說更為重要。所以，就算突然之間想到自己是不是要改變生活？是不是也要像其他人一樣想想自己的夢想？他們會在思索中覺得很疲憊和耗力，因此就算萌生出什麼念頭，也很快地會熄滅，繼續過著往常的生活。

趨吉派的人，對未知是較具期待的。相較於已知的環境、既定的生活方式，他們可能覺得會有更好的環境，或是更適合的生活型態，來讓生命更獲得滿足感與價值感。趨吉派的人對於開創充滿動力，那往往代表自己有機會認識更多人、知道更多事、瞭解更多資訊，如此也可以讓人生擁有更多選擇的機會。他們會有實際的行動，眼中看到的情景大都會轉成「機會」和「資源」，而非「限制」與「威脅」。

當他們一旦選定了要做什麼嘗試，或開始什麼樣的新計畫，他們一樣可能感到壓力及緊張，但他們的內在有希望感及熱情支撐他們，使他們較少停滯在自我質疑和否定的內耗中，而是會把重心放在如何「做得正確」、「有效」、「成功」。而過程中的失誤或不成功之處，會讓他們瞭解到有些不可行的方式必須要改變、調整，使他們不會太受困於失敗的挫折感中。不論過程中要嘗試多少方法，他們的目標會放在把那個嘗試或計畫做成功，就算不易迅速成功，趨吉派的人會更容易看到有助力的資源在哪，不論是外在環境的助力，還是自己的優勢上。

情境二：要不要學習另一門專業，換一條人生跑道？

我們的人生在前半場所選擇的職業或身分，可能受限於當時的情境及機會。當人逐漸成熟，也較為認識自己，這個時候可能才會開始真正地問自己：想做什麼？喜歡什麼工作？或是想不想成為什麼樣的專業人士？然而，這時候，我們的歲數和體力、精神能量都已在人生的前半場用掉一大半，要再開始學習另一門專業、接觸另一個領域，又或是跨領域，對人們來說都不是簡單可以做的決定，其要付出的時間成本、體力成本、心力成本、經濟成本皆會讓人左思右想、前瞻後顧，難以立下判斷。

透過上方的問題陳述，你可以先想想看自己會有什麼立即性的想法或反應？進一步分析看看，避凶派及趨吉派可能會產生的認知信念、情感態度，行為舉動會如何呈現？

【避凶派】

認知信念：

情感態度：

行為舉動：

【趨吉派】

認知信念：

情感態度：

行為舉動：

我的見解

相較於情境一的創業或發展個人品牌，情境二的門檻將更高，因為要能擁有一個專業身分，其養成的過程有非常多關卡，不論是否是透過學術機構（碩博士學位或專門技術學程），要通過甄試或考試，擁有一個學習者身分，之後再進行每一個階段的規定、要求、評分，其不可預料性就更大，因為被評量及最後能否獲得專業資格，不完全只掌握在自己身上。尤其是，若過往在學習的歷程中，累積不少的學習挫敗經驗，甚至是學習情境創傷，那麼再踏入正規的培訓歷程，對避凶的人來說，他會很快地連結失敗經驗，會產生很多負面的自我觀感，大腦的小聲音會不斷地冒出說：「你那麼笨、那麼差，憑什麼你覺得自己可以錄取？就算給你獲得培訓的機會，大概過程中就會被刷掉了……」

避凶派的人，他們大腦的核心信念就是為了躲避危險、避免傷害、避免造成任何虧損，使他們大腦沸騰、喧嘩的小聲音特別多、特別混亂，其重要的任務及功能就是要說服人「不要做」、「不要去」、「不要改變」。並且，表面上會用各種理由或說法讓自己不要去做這件事，打消念頭，為的就是認定自己會失敗、損失，極力要自己避免去經歷那個失敗或虧損，所以勸阻的聲音會特別大。

確實，我們人在進行改變行為時，需要感到「阻力小、障礙少」，才有機會去行動。如果我們大腦的評估與判斷，已冒出層出不窮的「可是……」、「但是……」、「好難……」那麼，我們便會降低行動的動機和動力，如果又不甘願放棄，那麼就會在內在自我消耗，不斷地受到自己心裡兩種或多種聲音的折磨與侵擾。

趨吉派的人，在這個情境上有較多能量和動力可以堅持下去，因為他會看見自己的願景，他會看到自己成功、達成、完成的畫面。他相信自己有基本的能力，也有基本的優秀及長處可以勝任這一項挑戰。雖然過程不容易，也有許多關卡，但不心急於要用立刻、馬上、一次成功達成的心態來期待自己。往往太高期待，而不允許自己失落或失敗的人，都是把自己的生命價值投放在外界證明的人，因此結果不理想就幾乎像是把自己一槍斃命，而無法調節與接納自己需要摸索、累積經驗及修正的過程。

趨吉派的人相信自己可以修正，即使不成功也是告訴自己需要調整和改變些什麼作法，而不是全盤否定自己的價值及能力。這部分的表現，其實也是穩定高自尊者會有的行為表現。一個人有穩定高自尊，對自己有基本信心和認同，不需花精力去質疑自己、拉扯自己，以致消耗自己，自然也就有較多的精力去面對挑戰，想方設法克服困難。

因此在轉業，甚至踏入另一個專業領域的人生情境題上，趨吉派會有更多動能去瞭解從何開始、怎麼執行、如何擬訂計畫、怎麼修正計畫，以及最後去確實地實踐計畫。

社會上可以看到許多這樣的例子，中年轉行、中年再學習另一門專業、中年再習得學位，由此可知，這並非是不可能的任務，仍是取決於一個人如何去決策自己的人生究竟要怎麼過？是束縛於自我設限中，還是勇敢地為自己開創，實現想要看見的自我？

情境三：該不該跟一個不適合的人分開，徹底結束關係？

和一個人認識交往了幾個月，除了一開始好像有被對方在乎，也有在談戀愛的感覺，後來對方一忙時常態度不耐煩，口語也越來越多責怪和貶低的語句。甚至，若是我告訴他我的感覺，覺得我們的溝通與相處好像有點卡卡的，有些時候覺得不被他重視，他會不回應我，非常冷淡，可以好幾天不回我的訊息，不理會我，讓我覺得好像被懲罰，也讓我覺得是我很不好，有想法有情感需求的我，太不應該了，也太惹人討厭，讓我覺得很混亂，也越來越不開心、越來越難受。

透過以上的問題主述，想想看自己會有什麼立即性的想法或反應？一樣先分析看看，避凶派及趨吉派可能會產生的認知信念、情感態度，行為舉動會如何呈現？

【避凶派】

認知信念：

情感態度：

行為舉動：

【趨吉派】

認知信念：

情感態度：

行為舉動：

我的見解

避凶派，心理安全感不足的人，十分害怕不確定感，並充滿自我懷疑感。通常對自己的需求和價值觀不夠明確，容易受到外界或環境影響。在考慮分手時，往往會感到困惑和焦慮，難以做出決策。他們可能會反覆權衡，擔心自己是否做出了錯誤的選擇，或擔心未來的孤單及不確定性。

尤其在情感上的空虛，使他們在情感上更容易依賴他人，並希望從關係中尋找自己需要的安全感和自我價值，而不是透過自己的探索及自我建設。因此面對分手的念頭時就會引發強烈的恐懼和不安，會因為害怕失去伴侶或擔心無法找到新的關係而選擇繼續維持一段不健康的關係，除非下一段關係的對象已經出現。

由於內在並無穩健的安全感，非常需要外部認可，強烈想透過外部認可來確認自我價值，對他人的意見和看法非常敏感及在意。所以在決策過程中，會過度依賴朋友、家人、專業人士或是神明的意見，而更難做出自己獨立的決定。他們可能會拖延或避免面對分手的問題，以逃避可能發生的衝突或外部批評。

若面臨一段不健康的關係，傾向採取逃避或消極的策略來應對壓力，缺乏應對變化的靈活性。於是，他們試圖忽視或壓抑分手的問題，而不是積極處理和解決。相較於改變，他們寧可保持現狀，以避免經歷導致情感動盪或衝突的情況發生。

有自我心理安全感的人會更希望自己的關係是往真實親密與信任的關係發展，有機會創造幸福的人生。所以面對一段不適合的關係時，往往能夠更理性地做出決定，並且更能接受分手後的變化和不確定性。趨吉的信念，讓他們擁有更強的自主性和信心，所渴望的是積極創造自己真正想要的關係品質。

瞭解這些反應模式的差異，可以幫助我們更好地理解自己或他人，在面對這類情感困境時的反應和需求與安全感之間的關聯。

我們需要瞭解，人生必然會有困難，也不會一帆風順，然而心理安全感的狀態，能影響甚至決定一個人會以什麼樣的態度、認知、信念及能力去面對及處理那些在生活中遇到的問題及困難。無論那些問題及困難是怎麼回事，避凶派往往傾向迴避、不動、不做、不處理。而趨吉派傾向面對與處理，以求更具效率及成效地解決問題、突破困難，好讓人生得以前進。

這兩種處事待人的差異性，也是基於安全感的狀態及品質，值得我們好好反思、回顧自己的人生過往以來都是基於什麼樣的人生哲學（安全感基礎）來做出反應？做出各種選擇？

人生回顧

你可以藉著以下的表格回顧過往記憶中重大的人生事件，例如感情、學習、人際關係、生涯、職場等等關乎你個人人生方向的事件，從回顧中，請你寫下當時可能產生的認知信念（包含價值觀影響）、情感態度（例如積極或消極），還有自己的行為反應及最後的抉擇，重新整理並認知自己的內在系統運作，是傾向避凶派或是趨吉派？當你整理完後，可以覺察自己的心理反應，以及對自己的發現與洞察。

重大人生事件概要	當時的認知信念／情感態度／行為抉擇	傾向：避凶派／趨吉派

心理安全感的狀態，
能影響甚至決定一個人會以什麼樣的態度，
去面對生活中遇到的困難。

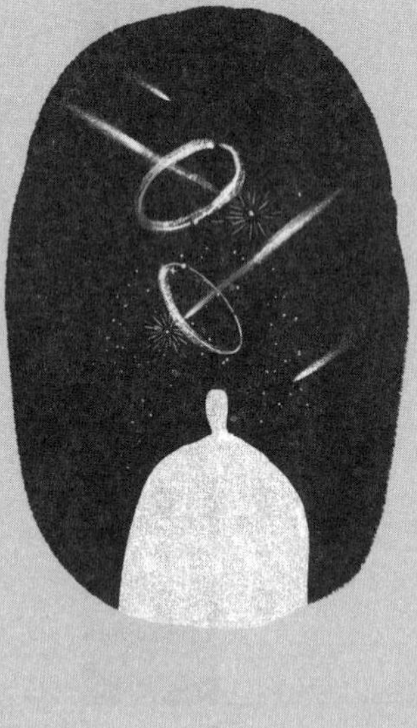

06

不安全感形塑的生命信念，讓人終日惶惶不安

不能否認，處在成人社會，經常性的不安全感會讓人生混亂，找不到一種秩序與規律的穩定感，也對建造有益處的生活形態造成困難。以不安全感為內在軸心的人，所在之處、所面對的人事物，將處處是危險與危害。主要就如前幾章所談，當一個人的視線角度決定要注意那些有可能會造成危險與危害的地方時，他將緊盯不放，並且將一切疑似的現象都視為在驗證自己的論點，因此就難以自我反駁，無法看到更多不同的面向。

前幾章主要都是談及安全感對一個人的人生及自我發展方面的影響，這一章我會聚焦談安全感在人際關係中的影響。關於人際之間的心理不安全感，直接破壞的是人際關係，特別是重要關係，例如：伴侶關係、親子關係、朋友關係。越重要的關係，就越需要以信任感、尊重及理解去建立和維繫。倘若一段重要的關係，是建立在懷疑、不信任、質疑和許多指控上，那這一段關係的基礎就如海砂屋般脆弱，很容易崩塌。

而有安全感損害或缺失的人，不論是否是重要的他人，都可能傾向不信任、懷疑及充滿質疑。即使他人已經給予回覆、回應，但對不安全感的人，內心只相信自己的「懷疑」，習慣抱持質疑與不信任，因此要展現一種信任、開放的接受態度會產生許多障礙。

當然不是說對所有的關係、所有的人都要抱持信任及開放的態度（這有實質危險性），但安全感沒有缺損的人，最大的差別在於較能客觀分析，以蒐集相關資訊讓自己的評估有依據。安全感穩定的人，可以較冷靜、細心及運用理智去前思後想，並透過過往的生活經驗、社會資訊、知識學習等，建構自己對於信任與否的評估架構，而不是只受激烈的情緒支配。

因此，對在人際間時常反映不安全感的人來說，他們最大的威脅與危害感，即是指「人際關係」。只要是面對另一個「人」、另一群「人」，皆會即刻引發強烈的恐懼感、危險感和不確定感所導致的焦慮反應，畢竟「人」就是他們認為最可怕也最危險的來源。

成人後的不安全感，即是人際間的情緒反應

負向情緒是建立安全感的最大阻礙之一，原本負向情緒是要提醒我們環境不安全、生存有危險……等情況，這是負向情緒必須發揮的功能，也是負向情緒存在的意義。然而，當它過度啟動和運作，甚至已經偏離現實世界的客觀性時，主觀不安全感所激發的負向情緒反應，可能會傷人傷己，傷害自己的身心健康，也損害了與他人的關係品質。

負向情緒會容易激發，和內心的低自尊息息相關。低自尊的情況下，所謂的自尊脆弱者，會因為自慚形穢，容易將環境發生的情況與問題指涉向自己，而立即冒出羞愧感、自責與不安。除此之外，會無法客觀地釐清問題的根源與相關的因素，偏向簡單的二分法（你對我錯或你好我壞）或單一的自我歸咎，這些都使低自尊者更容易內心挫折及感到心理受傷。

低自尊者要先學會安頓內心：「覺得自己不夠好」的焦慮，也要以尊重的心，接納對方的互動及回應。先安頓自己的自尊，減少聽到什麼都自我指涉，覺得被攻擊了、被貶抑了、被罵了……等等。

另外，也要試著和不友善態度和批判性強的人保持距離，避免不斷地承受高度壓力，在還未能充分地修復自尊前，被那些不當態度的人更加影響、更受打擊，會讓修復工程功虧一簣。

試著卸除覺得自己什麼都要被對方喜歡和滿意的習慣，這樣的思維和習慣，其根本是來自於內心對自己在關係中感到不安全，有意無意地都覺得自己會被討厭、被拒絕和被否定。

當然，任何人都希望自己被喜愛、被接納，但我們還是需要瞭解，這些其實不用以低姿態、卑微的討好去換取，那樣換取而來的被喜愛和被接受，可能也是一時的，或是建築在某種不對等、不合理的關係中，仰人鼻息、受人宰制，總體來說，是得不到真正的尊敬與認可。何況那樣獲得的喜愛與被接受，又有幾分能真實信任呢？反而更增加了不安與焦慮，害怕自己一不留意沒有完善自己的行為，就被對方排斥、厭惡了。

我們可以客觀理解，當一個人的內在空間狀態（情緒低能量）不佳，可能導致無法好好表達想法，造成情緒性表達，以致形成情緒壓迫，但這都不代表你必須受其情緒控制與綁架，把問題全攬在自己身上，而失去客觀理解的心智去好好地洞察問題與解析問題。我們都需要練習去真確的理解問題的發生，是由多元而複雜的因素所造成。這世界從來沒有一個問題的發生，只需任意去歸咎一個人，就能獲得解決。

但是，即使我們已知道解方，試著去鍛鍊內在的調節機制，不受偏激的認知判斷引爆強烈的不安情緒，減少焦慮的發生，但若人的生活仍是活在不安穩、不安全及無法信任和依靠的環境中，造成與外界關係的焦慮，也對自己的存在（想法、情感和行為）感到十分不安和不確認，那麼即使「都知道」，也不一定能做到。畢竟內在系統（大腦）的強悍與堅固，甚至到達僵化程度，都可能造成心智無法順利恢復彈性思考及行動的能力，也影響內在調節功能的順利程度。

在幼年時期即大量受環境高壓與情緒混亂影響，造成身心的不安全反應，並在長期運作下形成自動化的不安焦慮，這些焦慮與不安感除了是因應幼年的不良成長環境所造成的創傷反應，也來自幼年因為沒有得到照顧者足夠的引導和陪伴，所造成的難以安撫與調節的情緒。

童年缺失有效陪伴與引導，反而反覆地經歷缺失陪伴、缺失保護的情況下，則易形成「習得無助[4]」、「習得不安全感」等自動化神經迴路反應。久而久之的運作下，會形塑為人格發展，成為人格運作的一部分。若是如此，在人格運作的反應下，那些不安和無助感的經歷，會內化為根深柢固的認知信念，以深信不疑、僵化固著的型態在人的內在核心，猶如是一個人行為舉止及各種反應的自

---

4. 可參閱 MAIER, S. F., & SELIGMAN, M. E. (1976). LEARNED HELPLESSNESS: THEORY AND EVIDENCE. JOURNAL OF EXPERIMENTAL PSYCHOLOGY: GENERAL, 105(1), 3.

動導航軟體，除非卸除載裝，否則便一啟動即迅速跑完這個程式。

安全感缺失、匱乏的人，其人生運作的自動導航軟體是走避凶路線，觀點上則較是悲觀路線。所反映的言語、評論、觀點或是情感，易看缺失之處、損害之處。即使是還沒進行、還未發生的，也會以負面預言或自我詛咒的反應為主要路徑。

這其實不難理解的。多去看好處、看優勢、看沒有缺失的部分，都不能有預防失敗或失誤的效果，那就無法做到避凶的目的，所以怎麼樣都必須全神貫注、一心一意地預測與預料各種負面的可能，才能如實地做到避凶。甚至要以一個失誤推翻所有的獲得，如此才能達到更加戒慎恐懼、不容懈怠的程度。例如分數扣掉兩分，那九十八分也沒有意義了，甚至還會冒出「少了那兩分，怎麼還有臉活著」的念頭。

走避凶派的人，因為滿滿感知到壞事發生、壞事存在、不完美、不理想、糟糕、完蛋、可恥、丟臉……可想而知，其內心的空間盡被負向情緒塞滿、堆疊，就如一間被塞滿各樣炸彈與火藥的房間，一不留神就可能炸掉了。

尤其有以下幾種出現率很高的負面擔憂，更是強化了焦慮與憂鬱的發生，不停地自我折磨及煎熬。

害怕被討厭

所謂「被討厭的勇氣」是因為你已能發展完整的自己。如果你還在依賴他人的給予，確保你的生存安全，並且索討別人的認同和評價，以確保你的存在價值，那你是無法真的體會到內心的勇氣和力量——有被討厭的勇氣。

被討厭的勇氣，不是在指為所欲為、不受社會和別人的觀感影響，或不理會帶給別人的感受和社會禮儀及規範；被討厭的勇氣，是建立在你能發揮自己的生命創造力，能發揮生命潛能，能獲得自己生存的能力，自我負責，擁有自我成就的目標，並貢獻給這個社會，自助益人。這樣的時候，你才有安定的自信和心理安全感，穩重自己，知道沒有人比你更懂自己，更知道自己的能力和潛能。

所以，被討厭的勇氣是以生命的歷程去實現的，來自你的完整發展及自我實現。當你未能確實地體認到自己的能力、力量和潛質獨特之處，持續性的折損自己、質疑自己，你如何能真正安然是自己，擁有被討厭的勇氣與自信呢？我們勢必會落入於在乎他人的評價、放大他人眼光，以他人的位置，作為看待自己有何價值的依據；並滿滿地吸進他人的惡意眼光和不友善態度，認定這些都是自己活該應得的，因為自己就是那樣一無是處，受人厭惡與排斥。

但其實這些是你內心不安全感所激發的激烈情緒，為的是要再強化不安全感，以便能反覆驗證他人的危險及可怕，還有自己的渺小與弱勢。

以客觀來說，「被討厭」不會要了你的命，但是在你心理上，主觀的不安全感及受威脅的情緒激發下，你確實會感覺受到極度打擊與刺激，身體受到強烈壓力，緊迫到感覺快要窒息。

但我們可以再深入思考多些。理性上或許你可以明辨，被討厭是一種社會與人際關係現象，就如我們也會有不喜歡的人，與討厭的人，但我們只是存在情緒上的不喜歡與討厭，行為上不會去做犯法與造成生命危害的事，否則那會構成社會爭議與訴訟。實際上，討厭的情緒是個人感受，並不是客觀事實。例如有人不喜歡吃奶油蛋糕或草莓，那只是此人產生不喜歡的感受與排斥的情緒，但不表示奶油蛋糕與草莓「絕對很難吃、很令人厭惡」而該被全面消滅。

但在不安全感的人心中，感受等於事實，感受到的事就如真理般存在。就像一個人「覺得自己很倒楣，所有糟糕的事都會發生在自己身上」，這樣的陳述所說的感覺，會被這個人視為真實與真理，是不需要驗證與客觀統計的。這種猶如信仰一般的認知信念，對心理不安全感的人來說，是不容駁斥，也是深信不疑的「感覺」，這也就造成心理的不安全感很難被重新評估與重新知覺。

理性上我們知道，被討厭在我們從小到大的環境中，每個人都會經歷到，也都會發生，不論再怎麼被世俗認為優秀、美麗、英俊、有名或是有才華的人，都還是有人毫不客氣地表示討厭或厭惡。對一位內心有安全感的人來說，心理也有界限知道他人的感受與評論是那個人內心的反射或照映，其實和自己這邊的關聯性很低，自己不需要去關注與重視，所以可以較不受影響，能順利脫鉤，不會輕易上鉤。然而，對不安全感的人來說，除了會產生一種要為對方的討厭去承擔或負責某些不合理的期待之外，還會深深覺得被對方的討厭與排斥重創攻擊和威脅了，因此身受重傷。

對不安全感滿點的人來說，內心的極端想法會讓他想追求極致完美的評價，沒有一絲瑕疵，才會被他視為「安全」。沒有被全部的人、全世界的人都評分為滿分、完美、無懈可擊，對他而言只要還有那麼一點可以被他人挑剔、視為不OK、不夠好的評論，都是威脅他可以安心存在的危險，應該要被極力的避免和完全控制好。

心理不安全感的人，若可以開始意識到自己多麼把個人主觀感覺視為「事實」，而容易受到他人評價入侵心智，以致備受威脅和傷害，那麼更要積極地練就彈性的主客觀位置移動能力，不受制於主觀的無助位置和角度，也不要立即性自我指涉，而是願意花些時間和能量，以觀察者或是無關者的角度，看待對方的言行舉止，思考對方背後可能的意圖與目的。就算我們不能明確洞察對方的動機與目的，但我們所受的基本教育，至少可以讓我們分辨一個有尊重態度和品格的人，會拿捏說話的界限與分寸，而不會以高高在上的位置出發，任意地對另一個人進行不用顧慮他人感受的評斷和指教。

簡言之，把對方的討厭還給對方。事實上，我們不懂他的討厭的情緒和感受是怎麼興起或湧現的，但如果他友善也有意願建立關係，對方都不會直接以某種武斷的指點或態度來反應及表現。所以，對方可能是藉機發洩某些他生活的不滿情緒，或是找代罪羔羊來轉嫁他遭受被他人攻擊或厭惡的傷害，又或是他的人格或情緒已經有病態化傾向，無差別的對周遭環境施以某些負面暴力言行，這些都是你無法控制也無法終止的事。

你若因此想負責讓他改觀，甚至委屈與討好的希望滿足他，讓他對你抱持肯定與喜歡的評價，那將會置自己於苦痛與受折磨的深淵，無疑將自身的安全感遙控器，交予他人手中，任由他掌控與支配。這是心理不安全感的人，務必要思考清楚的因果關係。

並且，試著相信這世界的生命，無論有人喜歡、有人討厭，都該有自己可以安心存在與安全活動的範圍，不容他人侵犯與支配，特別是心理空間。

※如果你知道或感受到自己被某人討厭，幾個心法可供練習：

- 跟自己說：對方有討厭的自由，我有做我自己的自由，可以互相尊重，但不可以越界，我亦有避免被對方騷擾和污辱的權利。
- 讓自己認知清晰：我不知道對方投射與反映出內心的什麼情結，但這不是我的責任，我不需要為對方的感受負責。
- 具有力量地告訴自己：做我自己的事，成為我想成為的自己，他人的人生課題我負責不來、揹不了。

● 平衡與調節：我知道這個世界有人不喜歡我，但也有喜歡我的人，我只需要去關注及重視那些有友善及尊重，並喜歡和我互動的人，珍惜與他們相處就好。

容易負面反芻而自責

缺失安全感的人，即是對自己的存在價值抱以懷疑、不相信的人，有鑾高的機率是從小遭受父母或師長的否定、責怪與批評。在猶如槍林彈雨的話語或肢體攻擊下，對自己內化了那些殘酷及兇狠的人，對自己不近人情、毫無同理的態度，只要發生與外在環境的不和諧或是紛爭，自己就會成為眾人責備怪罪、推卸責任的對象，因而形塑自己凡事先自責、先罵自己的態度。

害怕和擔憂「被罵」，是過往那些被罵的經歷，讓心靈始終凍結在那不見天日的黑暗地窖中，自己不論長到幾歲，那個被鎖在內心地窖中長期被罵的小孩，還是好擔心被罵、好擔憂是自己的錯，非常害怕自己又要闖禍了，被懲罰、被怪罪了。

因被兒時的經驗過度制約，害怕及擔憂自己被抓到錯誤就會發生可怕的責難，不安全感的人會不停地日復一日質疑自己「有沒有問題？」，或是「有沒有什麼地方做不對？」極為焦慮。爾後，對不安全感的人來說，最害怕的就是處於人際群體中，不能鬆懈、不能放鬆、一定要察言觀色、不能不知道當下正發生什麼事了。

這或許會在後來發展為人際敏銳型的人，敏感和靈巧，知道怎麼做不要得罪人，或是要怎麼避免讓他人不高興，又或者知道要怎麼討好、取悅別人，然而，這不等於他的內在是安穩和自在的，更多時候這些快速而敏銳的反應，正是來自內心極為不安及擔憂，深怕一個不注意，沒有把外界的人事物處置好，就會發生被他人責備的處境，而自己更是那個最會責備、謾罵及怒吼自己的人，對自己極為失望和氣憤。

所以負面反芻或自責幾乎成為心理不安全感的人每日的折磨。在內建上，不安全感的人缺乏安裝「情緒調節」、「安撫」及「自我接納」，這會使他們無法擁有正向情感的態度來善待自己、關懷自己。發生任何壓力事件，一啟動內心的機制，責備和謾罵的聲音總會是最快的反應，讓自己無力招架，所以心智常會有溺水的感覺，或像掉到暗黑深淵，無法止損。

※如果你知道或感受到自己容易反芻負面否定及自責，幾個心法可供練習：

- 跟自己說：我已盡力了，也夠努力了，他人的不接受或不認同有他自己的價值觀和經驗，不必然我全部要照做與認同。
- 鼓勵自己：如果有出錯的地方，承認它並做出改善的實際作法，把能量放在行動上，不要放在內在的自我歸咎和自責上。

●真的抵擋不住責罵自己與否定自己了，盡早覺察，覺察到也不責備自己，而是接納自己地跟自己說：過往的自動化迴路又跑出來了，沒關係，我們正在早一點覺知這個反射性反應。若覺知到了，帶自己去作別種活動，讓自己不要停在讓大腦迴路自動跑的狀態，試著自控與調節，對自動化的反應喊停、停下來！然後多為自己發展其他的情緒空間，經驗其他不同的情緒感受，例如去作可以讓自己放鬆、喜歡的活動，緩和心情。也可以試著靜靜地呼吸、讓大腦迴路停歇，僅僅只是關注在呼吸上，不再啟動任何負向感受或認知思緒。

害怕被輕視、漠視

不安全感的人從小可能經歷大量被比較，不論比贏比輸，不斷地遭受比較的情境。如果比較中，又經常被視為較差的、較不好的、較弱的，無論是自身的容貌、外表、智力表現，又或是家庭環境的優渥、富裕或是社經地位，當人在與他人的比較中（無論主動或被動的比較），常覺得矮人一等、不如人、輸人了……

以致自己被瞧不起、被輕視和取笑了，那麼這些經歷將成為人的心結，成為內心的自卑情緒陰影，始終籠罩著人，讓人活在不如人及害怕被輕視的陰影中，看不到自己的光芒，更可能出現深層的嫉妒和沮喪困擾。

有這類情況的人，不安全感的根源是自卑，因為常覺得自己很不重要、很卑微，隨便就被人打發、不禮貌對待，或遭受他人的嘲笑羞辱，而自己沒有任何反駁之力，一旦被人輕視或瞧不起，就代表自己真的一無是處、毫無可被尊重的身分或地位，只能承受他人輕浮的口吻、粗魯的行為，而自己只能委屈與忍耐。

由此可知，這樣的人的內心會多不安，只要遇到有傑出人士的場所，又或者要面對權威人士，甚至是一個陌生人，明顯擺出歧視或差異很大的對待方式，皆會觸動內心自卑的觸發器，使自己陷入恐懼、害怕、焦慮的激烈情緒漩渦中，隨時要滅頂。

自卑情結的人，所產生的人際不安全感，幾乎是所到之處都會發生。大到出席正式的場合（面試、考試、研討會），小到面對生活的場景（餐廳、店家、家族聚會、路上），皆可能反映出內心覺得自己卑微，又恐懼及抗拒遭受到他人的不禮貌和不尊重對待，會讓自己感到更羞愧、更無地自容。

曾經有人問我：「難道被不尊重和不禮貌對待都不會生氣和被影響才是對的？」當然不是，因為只要是人，被不友善或歧視對待都會不舒服或不喜歡，因此這個反應要被注意的重點在以下兩點：

1. 你不舒服了多久？如果是內在有安全感，沒有自卑與羞愧感的人，他的不舒服單純是因應當下被錯誤對待的不舒服情緒，也許走過幾條街就過去了，又或是跟身旁的人訴說一下所遇到的事情，情緒就平復了。但若是有自卑情結的情況下，我們被觸發的不舒服，就不僅僅是單純的不舒服，而是會勾起早年許多經驗中的情緒陰影，像是「我不如人」、「我不配得到尊重」、「我被輕視，因為我沒什麼」……等等的負面認知思緒糾結和情緒引爆。那麼這些引爆的自慚形穢及感嘆自己人微身輕所導致的被他人隨意對待，可能會是非常激烈的憤怒、憤恨、不平，同時又非常憂傷、失落、傷心。所以內心的感受不會短時間內就可以平靜，同時還會有瞬間從內部被轟炸、爆發的感覺。

2. 再來，我們要把觀察及覺知的重點放在你有沒有冒出一種反應：這很明確是別人的錯誤行為，卻是你感到愧疚？如果是內在有安全感的人，因為內心穩定，有明辨情勢的冷靜能力，因此可以運用理智客觀瞭解外界他人的錯誤行為，是他人的問題或差錯，甚至是價值觀扭曲和偏誤，而不會一股腦將他人的惡劣態度或錯誤行為，全歸咎於自身的地位低、靠山不夠、家世背景不雄厚，才會被人這樣對待。若有這種推論邏輯，一切被他人不尊重與不禮貌對待皆因地位、背景、身分或條件的緣故，那麼就更可以判斷出這些觀點並非出於理智判斷，而是出於社會文化、人情義理的風氣所產生的認知偏誤判斷。把人與人之間的互動與對待關係，以上下階層視之，就如古代那種貴族與奴婢制度，只要處於上階層者，就可以任意對待下階層的卑微者。如果認同了這種觀念，那麼即使內心不平、生氣、十分火大不滿，還是沒有自我力量，劃分不出自我界限，無法在他人的不禮貌和惡意對待中，明識並維護好自己的尊嚴及生命價值。

尊重自己，是從內心深處認同自己的存在，接納自己生命的存在即是價值。不需落入社會的競爭與掠奪遊戲中，過度認同以某些狹隘的條件來評價自己。你先肯定自己的存在，這一份肯定能讓你慢慢地找到自己願意歸屬的群體，也能陪伴自己開創生命的潛能，體驗屬於你獨特的生命故事。

※如果你知道或感受到害怕被輕視、漠視，幾個心法可供練習：

- 跟自己說：我很重要，我肯定我自己的價值，也相信自己值得尊重。
- 讓自己認知清晰：有些人對待他人的鄙視與不尊重、不禮貌，是屬於他人格、品格的問題，那是他形成的人品，也是他的人生課題，不需去認同他的態度與評價，把他視為這世界的真理與唯一價值。
- 從更大的視野理解：過去傳統文化或主流社會的價值觀，喜歡從人的身世背景、社會條件及身分頭銜去論斷一個人的價值，並決定要不要去以好的態度對待。但這是源於階層主義和某些勢利心所造成的反應，若一個人無反思力，也無覺知，那也是需要去接受的客觀事實，這社會必然會有這類型的人存在。

● 強化自己的心理強度：去辨識與其要把自己的價值交與他人評論及界定，不如對自己的尊重（尊敬與看重）由自己做起。不漠視自己的權利、不排除自己的存在、不輕看自己的能力與力量。具有對自己的信心與支持，累積自己的能力，才是生命得以成長的核心力量，而不是他人的評論或認可。

害怕孤立及排除

這世界真實的惡意與敵意是存在的，我們不能總是美化或過度盲目地認為人性唯有善。雖然那些惡意與敵意的發生，可能大部分都與你無關，而是對方的批判性投射、負向情緒發洩，以及其存在狀態的混亂所產生的牽扯（例如性情未穩定、不成熟），但還是會讓承受其惡意與敵意的人，感到莫名其妙、難以理解與消化，特別是被孤立或排擠。

這種時候，雖然大腦會因為發生強烈衝擊而導致理智當機，還有危險壓力也會造成身心緊繃、疼痛受苦，但我們還是要試著把自己「拔出」那巨大被孤立的情緒漩渦，不讓自己被惡意與敵意的黑洞吞噬、淹沒，而誤以為自己真的不該存在。

有些惡質惡意的人，甚至還會口無遮攔地說出：「你怎麼不去死！」以此來表達他的憎惡和憎恨。

不用特別去理解他的動機，尤其一些根本不認識的人，像是網路上的留言者。若是同一個群體、同一個組織，例如班級或職場，會做出十足惡意的行為，除了環境默許、無所顧慮之外，也可能顯示出他的情緒已達到無法自控與調節的程度，不顧慮後果的情況下，早晚環境會淪陷。

如果這是在你兒童或青少年時期發生，你確實會很難過與受傷，畢竟長時間相處在同一個範圍，環境的排擠及厭惡氣氛所造成的壓力，會讓你十分不安與痛苦。這是兒童及青少年時期的悲慘時期，無法迴避及離開，被迫要去承受每日發生的惡意和攻擊。

那些經歷若發生過，後來進入成人期，面對職場與更大團體時，很容易會勾起相似的恐懼與不安，嚴重時身心觸發的焦慮反應會讓人吃不消。這時，首先你需要先大口呼吸，讓身體保持流動與氧氣，多走動或稍微運動一下（爬爬樓梯或跑跑步），讓身體產生熱能，減少被挾持受制的感覺。

也可以讓自己喝些溫熱飲，讓身體保有溫度。讓身體保持活動性（彈性移動）非常重要，這會讓我們保存一些能量，也給予自己一些移動的能力，不會坐以待斃。

社會環境或網路情境的惡意與敵意也是，甚至有時候會有暴力語言出現，威脅你的人身安全。這些情況最讓人心累和衝擊所在，在於那些行為和反應可能和我們理解的世界差異太大，也會被人性的黑暗程度和破壞性情緒嚇到，發現原來人真的會做出難以理解的憾事。

越是這種時候，越要讓自己得到一些社會支持，不去混淆了自己的價值觀，反倒認同了那些惡意與敵意的作為，加害了自己，也複製性地去加害其他不相干的人。

惡意複製、敵意感染，是非常容易發生的現象。因此，要維護及保持自己獨立思考空間，也能站在足夠客觀的距離，去看待惡意言論的風暴，與可能存在的背後動機和脈絡。必要時，中斷接觸，關閉互通的管道也很重要。

這時情緒界限也非常重要，不隨風起舞，不鼓譟、附和，讓自己內心有安靜的空間，才能夠辨識與分析出自己的觀點與立場，做到先評估後再決定的自保措施。

為此，若害怕再次經驗到人際的孤立與排擠，甚至以號召、鼓譟他人來對你進行攻擊、圍攻，我們更需要鍛鍊獨立思考系統，來避免踏入人際惡意的漩渦及陷阱。

我們需要分辨清楚，面對他人惡意的行為，拒絕被沾黏、被消耗是一項基本的自我維護。也不因為他人的作為，而想以討好取悅的方式，來換取被接受、被認同，那只會換來更多的綁架和支配，並且永無止境、沒完沒了。

※如果你知道或感受到很害怕被孤立與排除，幾個心法可供練習：

- 跟自己說：我不需要去認同那些想以孤立與排擠去對付他人的人。這不僅是一種不成熟的性格，同時也是一種惡意的操弄。被其操弄一起來排擠與攻擊的人，雖不知其動機，但多少來自他們有相互取暖或利益共生的需求。若可以，我可以與他們保持距離，拉開人際接觸圈，不讓自己成為他們孤立行為的受壓迫者。
- 讓自己認知清晰：會害怕被孤立，是來自人有社群連結的需求。但所謂社群不代表就是眼前這一群人，我仍可以去認識及擴展更多不同的人際群體，獲得自己可以被認同、被接納與被支持的社會連結。
- 強化自我強度：會害怕孤立、受排擠，與自認自己渺小、無助及孤單有關。越是認為自己處於不利的生存條件，越是擔心被孤立與排擠後，無力對抗被圍攻與傷害，或是會失去某些有力生存的資源，越是充滿各種被孤立、被排擠的擔憂。這部分需要自我探索與覺察，自己究竟把自己看得多渺小、無助、缺少資源，以致自己非常害怕受到孤立後，損失更大。在這個方面，還是要把力量放在進化自己的能力，建立自己的資源，累積自己的歷練，擁有自信心和心理強壯的穩重感才能隨著實質成效的回饋，茁壯起來。

人與人之間，常會瞬間感到不快和防衛，在於我們時常在表達中，感受到別人的不認同與否定，或是感受到自己不被支持與認同。然而，人與人之間哪有可能時時都在肯定和認同別人呢？總還是有自己的觀點、價值觀與經驗上的差異。因此，我們也需要練習，把別人的發表或言論，聽到是他的觀點、他的角度，是他在表達他自己，而不是正進行對我的指責或否定。我還是可以有我的想法和選擇的自由，我還是可以也有我的觀點與論點。

在差異與不同之間，若能彼此願意聆聽與尊重，再好不過。

但沒有共識，也無法尊重與交流，那也是個當下的事實，就不須再衍生後續的愛恨情仇。

觀點是觀點，並不是唯一真理。觀點只是其一角度，但人生是多元角度。

而當事實是事實，也不忘記我們仍然具有多元角度去詮釋及建構自己的觀點、建構屬於自己的意義，透過詮釋好的意義，我們都有活出生命藍圖的機會。

換取而來的被喜愛和被接受可能是一時的，
或是建築在某種不對等、不合理的關係中，
仰人鼻息、受人宰制。

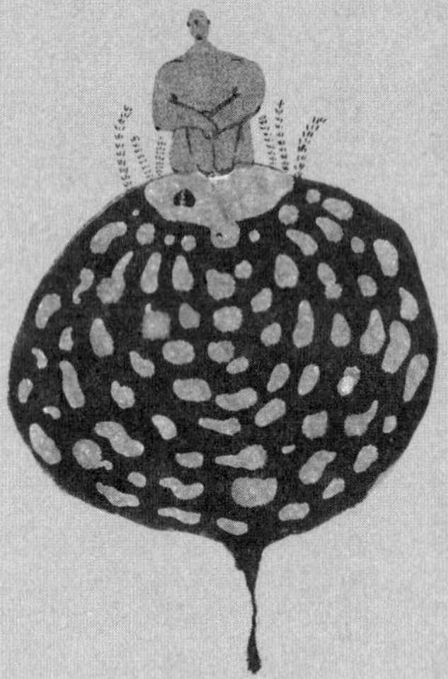

07

安全感的迷思

安全感的迷思，最常見的是**「安全感＝安全」**，這是非常大的認知偏誤與迷思。為什麼呢？例如，有一個女性覺得身邊一定要有一個男人在，生活有男人可依靠，才能有「安全感」，然而這個男人可能對她毫不尊重、暴力相向、出口成「髒」，動不動就貶抑與羞辱她，甚至時常威脅她：「若妳讓我不開心，我就揍妳。」非常明顯的，這位女性內心強調所需要的「安全感」，卻是讓她處於極為「不安全」的環境中，身邊的伴侶更可能會對她的性命產生實際危害。

舉另一個與工作有關的例子。假設某人認為他一定要有一份收入，可能非常年輕時就為了養活自己或是維持家庭經濟，而讓自己盡快找到一份穩定的工作，即使這薪水並不優渥，但至少不用經歷變動，更可以不用遭遇到沒有收入維持生計的窘迫，這是他內心非常堅持的「安全感」。但他只注意到自己需要一份穩定收入的安全感，雖然工作認真拚命，但他沒有注意到產業的變化，許多基礎工作或需要人力應付的產業，已開始在研發用機械或科技取代人力成本，再來因為景氣和環境的改變，有些新興行業產出，漸漸影響人們的習慣與生活所需，這都是此人沒有注意到的，他對環境與景氣的變化渾然不覺。而當他中年時，他習以為常、終日努力辛勤工作以賺取基礎安全感的那份收入，工作位置面臨裁員，要另外招聘有新產業知識與技能的人，面臨中年失業的他，因過去沒有危機意識，也認為穩定收入比去進修重要，捨棄許多會暫時收入不穩定卻能增加自我工作價值與能力的調動機會，因此最後反而因為長久追求的「安全感」，面對到生涯極大的「不安全」情境中。

類似的例子不勝枚舉，這些例子其實都告訴我們，當我們執迷於某些心理因素的「安全感」時，往往那和外界的客觀事實是無關的，更可能因此造成判斷的偏誤，執著某些心理認定的「安全感」來源或信念，使人與存在客觀事實的生活世界產生誤差，錯誤理解。

悖論：過於執著安全感，反而時常沒有安全感

往往非常在乎，或是極端地追求安全感的人，皆是內心最沒安全感的人。相同道理，內心有真正的安全感的人，往往都不會凡事，甚至小細節裡都要追求控制，為了得到一切被自己掌控的「安全感」。

心理較有安全感的人，不會受不安全感情緒的支配，因此不急著動作和做反應，反而給予自己時間和空間真的去進行評估和核對，以確切地洞察和思考需要做出什麼決策。

這時，你可能會想，就是因為缺乏什麼，才要追求什麼啊！那這就是問題，追求不就是為了獲得嗎？那麼用盡一切心力去追求安全感，甚至要求周圍的人都要給你安全感，這樣的運作下，是否就真的獲得安全感了呢？是否就能打從心理確實地建立安全感的品質呢？

答案往往是沒有。越是強調要有安全感的人，越是控制或要求他人要給予滿意的安全感的人，不安全感卻總是像是無底洞，永遠深不見底，根本填不滿。

物質層面的安全感，或許還有機會（但有些人連物質的安全感也無法建立）。因為缺乏了某些物質條件而必須去追求或努力來獲取，以達安全感水準，這來自現實的體驗，隨著物質的有形呈現漸漸產生心態上的改變而獲得安全感，這比較可能會真的實現，比如「存款數字」。認為自己沒有累積存款、戶頭裡沒有錢就沒有安全感，有錢就會有安全感，那麼在確實累積金錢的存款後，照理來說，安全感會確實有感，確實累積。

但心理的安全感非常弔詭，既然是「心理」，屬於一個人的認知理解及情感狀態，那就可能出現與事實無關，和現實發生的事件不符的現象。因此，一個人若堅持要以心理的安全感為主要偵測標準，那他是可以忽略客觀事實，也可以否定客觀事證，畢竟他是以自己的感覺與想法為堅信的「真理」，而不是由他的真實體驗或與現實的接觸來瞭解所謂的真實。

非客觀的「不安全感」就如同一個巨大的黑洞，吞噬掉任何可以感覺安全感的因子，總是覺得不夠、不夠，周圍提供的安全保障或安全因素，都不足以讓他覺得這可以是「有安全感」的事實。

前面提到的例子，假設一個女性覺得身邊一定要有一個男人在，生活有男人可依靠，才能有「安全感」。但事實上，這個男人的暴力與不尊重，羞辱與控制，才是客觀上的不安全。然而，她卻可能把「靠自己獨立生活」、「擁有工作及照顧好自己的能力」以及「強化自主性」視為極為「不安全」的事情，因為那些都被她視為未知，同時她對自己的能力和社會適應都感到懷疑，充滿不信任。並且，只要是會導致失去關係、失去依賴的情況，都標定為「很不安全」，那麼她就會漠視能獲得真正心理安全感的因子與條件。

再舉另一個例子，若一個人認為：「我會有生病的危險，我對於生病造成的病痛及治療過程感到很恐慌與擔憂，這使我心裡強烈地感到沒有安全感，即使我努力在乎自己的飲食衛生、環境清潔，甚至不斷地進行各種身體健康檢查，也不停尋求養生之道，各種結果都告訴我，我的身體很好、很健康，沒有疾病的徵兆，但我的心裡仍然感到提心吊膽，覺得下一刻，或是突然之間我就會倒下，罹患一種不可治癒的疾病，這是我怎麼預防、怎麼努力避免都無法如願的。」這一例子便是說明「心理安全感」的詭異之處，當你無法從內心安定，培養能去接納事物本身的變化，不企圖完美地控制一切時，你內心的安全感才可能會提升、會俱足。當你可以放下一切操心憂慮的習慣及行為，不以為只有自己掌握一切，才不會面臨到措手不及、難以因應的困難時，你才能開始練習隨遇而安，試著應用自己的潛能與才能，去信任自己可以就當下的情境，信賴自己的處理。

要把如此弔詭及深層邏輯想清楚，只有靠個人內在的深思和省察能力。我們的大腦太容易冒出「我都知道啊！但我做不到」的認知，去屏蔽更深層的自我對話及反思，無法與更內在的自己溝通，瞭解到自己表面的行為，其實可能來自內在深層核心的創傷和恐懼所造成的一種固執的信念偏誤。

人生早年的傷痛（泛指：驚嚇、震驚、失落、背叛、遺棄、羞辱、貶抑）

是造成我們心理不安全感的來源，然後假以時日之後，成為不可鬆動的僵化認知信念，認定這世界的恐怖、危險、充滿無數威脅，及難以招架與承受的痛苦。

在生命最初階段，我們需要的安全感是來自重要他人的扶養與支持，也來自他們的穩定照護。然而，當重要的他人是帶給我們極大創傷與生活劇變的主要對象，使我們心理上、情感上經驗一種撕裂，分裂出無法統合的生命經驗：究竟是要相信他人？還是要懷疑他人？究竟是要靠近我所愛的他？還是要遠離會傷害我的他？

當我所愛與傷害我都是同一個人時，這是我們幼年時最難處理的矛盾與痛苦，也是我們心理不安全感激增的時刻。

接著，衍生的問題非常繁多與複雜，尤其與人建立關係時、與社會情境互動時，無法確實明辨與判斷究竟是敵是友？究竟是要進一步親近還是要遠離？究竟要放開心去擁抱？還是要小心翼翼以防被刺傷滿身？這些都成為關係裡時時刻刻困難處理和安頓的問題。

就修復與重建安全感這件事，我們都需要重新理解，活在這世界，並沒有「全然安全」這件事。越想要獲得「全然安全感」、「完全安全感」的人，反而是最受自己這個要求折磨的人（當然也折磨了他人）。

認知到這世界的安全感，是建立在多數時候的安全感，並能調節與包容偶爾發生的不安全感：能安撫及關懷自己，即時為自己找到安全的連結及社會支持，讓自己的情緒好過一點、平靜下來，這才是真正能讓我們體驗安全感發生及能好好活著的核心力量。不再落入極端想控制一切的迷思，也不再把自己誇大，以為必須由自己來杜絕一切意外的發生，否則就會發生非常可怕、非常不好的事。

試著打從心底領悟與明白這世界不完美，有傷害存在，也會有黑暗的角落，會發生令人難過與痛苦的事，這些都要靠集體的力量和共識，漸漸地改善及改變，但在具體改善與改變之前，我們也要看到許多人願意在發生受損受傷的地方，投入自己的心力，給予自己能給的幫助，同舟共濟地面對有苦難發生的時刻。

因為人是如此脆弱，世界是如此不完美，因為大自然有超過我們理解的能量和變化，所以我們人類才會群聚，才需要彼此協助，在有困難及傷痛的時候，不要讓傷害延宕，來得及給予挽救、修復及醫治。這正是社群連結的正向意義。

因為開始學習去信任與看見人與人之間的良善力量，相互支持與支撐，那一份相信，才能減緩我們緊迫的壓力感，化解以為自己孤立無援，隨時會受到傷害的不安全感，進而療癒我們曾經受傷的心靈，重生一個健全成熟的人格，投入並參與在這個世界。

不必執著的「非要不可的安全感」

有些人非常著重的「安全感」，其實與是否會造成生命危害無關，即使有相關，也不是最重大的或永遠的，比如：失戀或分手。

有些人對失戀或分手的想像似天崩地裂、徹底被毀滅般，這種強烈心痛與撕裂感來自情緒的衝擊，但並非是客觀事實。我們不會因為和某一個曾經相戀相愛的人分開，就無法活下去。這是一種解除依戀會出現的假象——「我無法獨自活著」，這種情緒反應就像我們幼年時無法失去父母、害怕失去父母的感受。這是原始慾望和一種情感依戀的本能需求，希望從父母親情關係中，獲得強烈依存的安全感保障。如果要撤回這種相依存，解除依戀情感，人的身心（大腦）都會經歷強烈的痛楚，非常焦慮與恐懼失去如此重要的人後該怎麼辦。

如果我們幼年經歷過這種痛苦，失去重要父母，並且後來經歷許多艱辛與更多失落，那我們的經歷會讓我們深信不疑，失去或分離都是極為可怕的遭遇。我們將會再一次經歷萬念俱灰、一無所有的處境，彷彿注定孑然一身的孤寂命運，會徹底把我們擊碎。

是這些過往的經歷，讓我們後來對失戀或分手抱有一種「會致命」的威脅感、無法活命感，但這不代表我們不能活下去。對內心有安全感的人來說，帶著失落或痛苦的情緒經驗，還是能活著。具有韌性的生命，會讓我們即使遭受各種事與願違、悲歡離合，仍能帶著傷心前行，並且在足夠成長後，開展出經過粹鍊的生命花朵。

執著於不能失戀或分手的人，即使現實擺在眼前，自己的愛戀對象可能帶有欺騙與操縱，並且對自己做了許多傷害及損害的行為，還是執著於不能結束關係、分離，那麼實際上，他受困於內心某個陰暗的牢籠，某些曾經失落的遭遇演化成巨大的恐嚇及威脅，支配與命令他不可以再失去任何人，不可再經歷任何失去，包括眼前這個其實一直在傷害他的人。

或許這樣一個害怕分手、恐懼分離的人有很好的生存條件，好學歷、好的工作能力、好職業、好才華，他是不可能活不下去的，卻受困於內心一種偏執的恐懼與威脅，幾近神經質的深信失去和分離都是可怕的、致命的，缺少了調節與接納客觀事實的心智功能。事實上，失去任何一個人並不會讓我們活不下去，但強烈造成痛苦和恐懼不安的信念，可能真的會要了我們的性命。

童年或成長過程經歷過一些情感創傷與失落，使我們對於自己的存在感到不安及質疑，無法從安穩的照顧環境及具有情感支持的重要他人身上，穩定地感到自己的存在是重要的、有價值的、受肯定的。那些時不時就會發生的否定、批評、謾罵、忽視、恥笑及諸多質疑，會令一個人在人際環境中處於驚弓之鳥，時常不安，也容易對周圍的「不友善」感到敏感而緊張害怕。更常放大某些感受，變得時時刻刻在所處的環境中，不停歇地感受那些他們認定的「威脅」或「敵意」。

這也使得這些早年在人際關係中，尤其在重要關係中經歷過情感匱乏，感受不到尊重與重視的人，更加執著與在乎在與人互動時，他人的態度與回應是否給予及滿足了他們的「情緒感受」，一旦他們經歷到些許的失落或期待落空，他們會立刻感到憂傷或憤怒，有些人更會在內心湧現羞恥感和自卑感，心中充滿困惑的哀怨及怒吼：「為什麼我就是得不到他人好好的對待？為什麼他人可以任意地忽視我、輕視我？」

這些內心過不去的癥結，其實也是情緒糾結所在，是一團很難梳理以及化解的情緒疙瘩，纏繞難解，團團圍住自己的思緒，以致理智無法順利運作，彷彿被一種「非要不可」的執著困住，缺失了彈性調整的因應態度與策略。這些執著像是：

1. 要在關係中確認自己在最優先考慮的位置。

2. 要在關係中確認自己絕對的被重視。

3. 要在關係中，確認自己獲得時時刻刻，不可缺失的尊重與照顧。

4. 在關係中絕對不可被忽略，必須被立即回應，無論是什麼情況。

換句話說，非要環境的各種條件都來確認我、提供我「存在被認可的保證」；要來確保我不會遭受到任何的忽視、疏失、看輕、不慎重對待，才能確定「我是安全的」，如此，我才不會產生任何情緒上的不舒服、不愉快、挫折的感受，才可能心情平靜，覺得自己的存在是安全的、被維護的。

上述這種強烈的執著，不具客觀彈性的理解及評估過程，一心企圖控制他人來滿足自己需求及期待，是小時候身為孩子的我們誇大的慾望；想控制媽媽或爸爸能來溫暖關懷自己，想控制家庭都是給我最舒適最優渥的享受，想控制所有周遭的人都以我為關注的中心，愛我護我。

基本上，這些出於孩童時期的想像與期待，不是現實世界的運作方式，因此是不可能真正地建立安全感的。但因孩子的身心發展還在依戀需求裡，自然無法確實地分化出自己獨立個體的存在，總以為自己能不能過得開心、過得滿足，皆需要來自身邊的人的提供與給予，如果他們不給、不理、冷漠，那麼孩童會感覺到自己的窘迫、無奈與各種負面感受的侵擾，甚至會有強烈的痛苦感、悲傷感和憤恨感。

漸漸地，孩童的我們演化出懂得看人臉色、投其所好，或是用行為去交換給別人，讓別人同意給我們所要的東西。這是活在這個社會無法避免的「交換行為」，若想存活下去，這種交換行為必然會存在與發生。但是，若這種交換行為未經過省思、思辨，繼續在日常生活和人際關係中理所當然地運用，尤其是重要的關係，如親密關係、親子關係、摯友關係……仍不斷使用交換行為於重要關係中，就容易演變成「控制」或「操弄」。

最常見的情況像是：「如果你不答應我……我就不會給予你……」、「你不聽我的話做，我就會……對付你」或是「你憑什麼要我照你的話做？除非你給我……」，這些都是企圖去控制在重要關係中另一方的行為。長久下來，這一段關係勢必充塞著「指控」、「不滿」、「控制」與「威脅」，也就是我們熟知的「關係不安全」。

當你越想控制另一個人的心情和行為，除了否認了每個人都有他自己的運作系統，不能越界以外，同時也誇大了自己的能力，以為別人總能在自己的控制中，按照自己的期待與想法反應，久而久之養成強烈的控制慾、成癮式的好於操弄，並且漠視他人個體性的存在。結果是，越控制越不安，越不安越控制；越控制越衝突，越衝突越想控制。

社會長期以來，不論是家庭或學校乃至到職場，處於階層和權威制度下，人際行為多為操控與威嚇的情況，下屬或晚輩都是上位者意志的延伸：「我想叫他做什麼他就必須聽話，沒有異議可說。」

如果在這種權威、傳統且封閉的家庭或團體生存了好一陣子，那麼遭遇這樣對待的人也會理所當然、毫無覺知的複製這樣一套認知信念、價值系統、行為模式，去對待往後他所遇到的晚輩或下屬，因為他已經塑造慣性的階層觀和控制習性。過去由於他位階低，所以是他被控制，一旦他認為他的位階或權力高過於誰，就會由他去控制及威嚇另一個位階更低的人。

過去社會中，常見很會利用關係、拉關係及消耗關係的現象，但本質上，這些都不算是很能與「人」相處及建立關係；關於如何和人互動與相互瞭解，如何促進友善且尊重的相處方式，他們是一無所知的，甚至是無能的。用控制及操弄的作法來對待他人，足以說明此人心中並無「人」的存在，只有自己的意圖、目的和需要。

到最後，只會換來「接受被控制」及「想依賴」的人在他身邊，而不會是一個完整與真實的「人」。

放下想控制他人的期待，才不會患得患失。這也是一種不必去執著的不安全感，誤認定一種：「如果他沒有照我的意思做，我就沒有安全感」的無限迴圈。落入如此種認知設定的人，所產生的操控行為，常認為只要是自己所重視及在乎的人，都必須密切控制、並要求符合期待，否則就會無法抑制地表現不安、焦慮。

就算表面否認，說你其實沒有要控制他人，但言行舉止所做的，即是以自己的情緒試圖支配對方，以自己的不安全感作為控制的理由，而不是真實地去認識另一個人，好好去懂如何在關係中建立真誠與有界限的正向關係，好好地去學習與另一個人平等而尊重的相互認識及善待、相處。

人際間的控制來自不安全感、關懷則來自尊重與信任

越能建立具有信任與關懷的關係，越能為自己建立真誠一致的情感關係，我們內心的安全感也會增加。在關係中能真誠坦誠，彼此聆聽及理解，不需擔心人際中糟糕及帶有破壞性的衝突及紛爭不停發生，我們才能在關係中安心做自己，並經歷在關係中的親密及靠近。

究竟在關係中是控制還是真誠？首先，要先自覺內心的起心動念來自什麼？是帶著關懷與尊重，也就是正向感受，去理解或同理對方的處境與感受；還是出於在關係中的擔憂及恐懼？若是擔憂與恐懼，則內心較會有煩躁、焦慮不安，產生各種不好情況的解讀和想像，並且產生各種批判聲音。若能細細辨識自身內在系統的起動與歷程，應不難辨識在關係中的互動是奠基於關懷還是出於擔憂。

行為與態度也能分辨。關懷者大多是傾聽、試著聆聽對方的脈絡，不帶有

先入為主的觀念甚至成見就去貿然評斷，或強烈給予指令「你應該要……」；若是擔憂，則態度不僅無法客觀，更是容易投射自己的過往經驗，或是內在的價值判斷在對方身上，一股腦的想要對方聽自己說的意見，採納自己的想法和作法，把自己的想法和作法當作「唯一」的正解、正途，卻忽略每個人的獨特性，原本的條件、基因、性格、承受過的遭遇都大大不同，卻想以偏概全。

若要建立真實的心理安全感，就需建立及累積經驗能建立合宜及具有尊重的關係，保有合適且具彈性的人際關係距離，懂得不過度干涉及支配別人，也能相信自己有能力護衛自己的心理界限，守護自己的權益。並在人際關係中，有能力和另一個人、另一群人創造開創性、幸福感、合作性的共好正向關係。

這些能力，全不是透過「控制」與「支配」能建立的，而是透過真正領會尊重和真誠一致是什麼的人，才能穩重安定的在人際關係中展現自己，也成全他人的展現。

放下想控制他人的期待，
才不會患得患失。
這也是一種不必去執著的不安全感。

08

安全感真的可以修復嗎？

安全感的內在系統修復

自我決定理論[5]強調自主性、能力感和歸屬感對於人內在動機和心理健康的重要性。安全感在這個框架下可以被理解為人對自己能夠滿足這些基本心理需求，並在其社會環境中有效地運用自我決定能力的信心。當人們感覺到他們被接納、能夠勝任及自控生活時，他們會感到更安全、更具信心。

安全感某部分根源於人對於周圍環境的認知和解釋方式。當一個人能夠有效地處理外界信息，並將其整合進一個連貫且有意義的世界觀中時，這種認知一致性會帶來安全感。這包括了對未來的預測、對過去經歷的解釋以及對當下狀況的理解。相反地，不符合自己的認知思維的模式，或與自己的理解與解釋差異很大時，就會出現認知衝突、認知失調，並可能因為太劇烈而造成認知的參考架構崩解，自我也隨之迷失。

安全感損害或缺失，是一個綜合性、複雜的問題，具多重性創傷的成分，很難在短期、快速的情況下，以捷徑的方式修復及重建。但抱有對這個情況的自覺，並有意識地觀察與探究自己，進而重建自己內在的運作系統，會有幫助，即使是緩慢地改善中，也能讓人經驗到透過自我成長帶來的內在安定。

修正早期生命的失誤邏輯設定

在修復安全感的歷程中，較為漫長的任務是修正個人早期生命的邏輯失誤。

5. 可參閱 RYAN, R. M., & VANSTEENKISTE, M. (2023). SELF-DETERMINATION THEORY. IN THE OXFORD HANDBOOK OF SELF-DETERMINATION THEORY (PP. 3-30). OXFORD UNIVERSITY PRESS.

屬於個人底層的邏輯信念，這是由早年不具客觀理性思考能力的年紀即已寫下的內在系統程式，可能在四歲時，也可能在七歲時，即已形成一定程度的資料編寫。

當童年越早期經歷越多來自重要情感關係的失落或傷害，造成情感連結的斷裂與疏離，這些情況下的情緒創傷，認知信念即會被那時驚嚇、不安、痛苦與悲傷的情緒所推動，形成內部的非理性信念，通常是關於我們對自己與外在世界的評價、價值感和感覺。

以後在其他人際環境中運作及反應，人際的不安全感是最常見的直接反應。這當然不是事實，任何一個人活在社會，無論是什麼年齡、性別、工作職業、身分、家世背景、經濟能力，都有其基本被保障的「生存安全」，不能被傷及性命，也不能任由他者精神壓迫或施以暴力。在一個具有生命保障憲法的社會，每一個人的存在價值與安全都有基本維護。

失去基本價值感和生命肯定感的人，通常會說：「那只是一種很高空的理想說法，事實上，活著的每一刻我都不安、提心吊膽別人會排斥我、不理我、對我冷漠和拒絕。他人的傷害，對我來說真實不過。」倘若這也是你心中的想法，那麼你需要有一段時間沉澱下來，好好地觀看和探索內心深信不疑的這些話語，究竟打算說服你什麼？又打算讓你怎麼做？往哪裡去？

這世界確實有一個事實是：每個人都有自己的喜歡偏好，也有自己不喜歡的人事物，因此在人類的生活環境，我們才有各自的想法和價值觀，也有自己的情感取向和選擇，而行使這些是一種自主權利和自由，只要不觸及傷害另一個人的性命，人皆可以尊重他自己的價值觀，選擇他想要的生活環境，所以才有「道不同不相為謀」這樣的話。

這不等於當我們不被喜歡或接受，或不被認同與肯定時，我們的生命「即有危險」，或我們的生命「就不值得存在」。

若是我們過去被灌輸的觀念或家庭給予的信念支配，只要你「乖、聽話、不要有意見、不要被討厭、你必須人見人愛……否則你就沒有存在的必要，也失去生活在這個家庭的權利」，那麼這樣的制約和框架，是使你活在看別人臉色與態度、不安於別人的情緒、態度和想法的主要原因。

雖然，這種猶如魔咒的信念不知道何時才能透過你的自我力量解除與消除，但是先決條件是，你必須看見與覺知這一個早期生命設定是如何誤導你的認知和情感，讓你長時間地錯誤以為你的存在價值與生存安不安全，必須由環境中的他人來決定、來定義。

這個錯誤邏輯會造成你什麼影響呢？它會讓你的人生迴圈反覆地不論處於什麼人際圈、在什麼樣的生活環境，都抱持著：我必須被人喜歡、被人滿意，才有存活安全的資格。我必須被人認同與接受，否則我就會遭遇別人極大的攻擊與傷害。

這樣的錯誤邏輯的思考方式，最後會導致錯誤的推論：「我只能什麼都順從、什麼都說好，因為我好害怕可怕的事、衝突的事會發生。」

於是，你的力量會不見，包括去信任自己能夠學習各種應對人生衝突或不一致的能力，並讓自己發展出獨立的自我系統，獨當一面，當一個對自己有基本自信的人。

自信不是憑空想像捏造而出，它是實實在在對自己能力和處事態度的鍛鍊。然而，自信要烘焙孕育而成，需要在鍛鍊的過程，增添對自己的正向看見和正向支持。若是一邊想鍛鍊，卻一邊折損自己、一邊批判自己，那麼信心的鍛鍊還是無法聚成，常常好像要建立了，又被敲毀。

姑且不論，究竟自我生命價值的基本肯定何時會淬鍊生成，個人生命的錯誤邏輯設定還是需要先被覺察、深思，進而能進行自我邏輯修正。

自我邏輯錯誤而不修正，就等於一直在錯誤的程式中作業，怎麼反覆做出來的結果，都會是錯誤。

如果，你的生命設定的邏輯早已被輸入錯誤訊息，不斷鼓吹和制約：「你的生命有瑕疵、你的生命存在是錯誤，你不讓別人喜歡或滿意就是個廢物」，那麼，你需要進行程式編碼修正，就像是軟體公司要定期更新他們出錯的編碼一樣，不修正的結果，即是這個軟體會錯誤連連，無法運作，最後甚至會當機，無法處理任何資訊。

所以，想一想，若是你有錯誤的生命設定，尤其關於你的存在價值的設定，你會怎麼修正呢？你是否看得出這邏輯的錯誤呢？

而基本的邏輯修正，在於我們可以理解他人永遠可以有他自己的想法和主張，無論你認不認同、喜不喜歡。如同，你永遠可以有自己的想法和主張，無論他人認不認同、喜不喜歡、接不接受。因此，尊重且平等的關係，會更重視彼此的聆聽、對談、溝通與交流，而不是誰理所當然就應該遵從另一方，或是誰理所當然就可以指揮與支配另一方。即使，你的言論與觀點我並不同意或接受，但我仍尊重與維護你身為你自身所具有的自主權利與意識。同樣，即使我的言論與觀點你並不認同與喜歡，我也不輕易放棄我的立場與角度，不輕言失去我的自主權利，及思想與情感的自由，這是我對自己的尊重與獨立性的維護。

若能相互尊重與彼此維護對談的空間，是多麼值得慶幸與投入的關係；若無法，那麼也讓彼此減少不必要的拉扯與消耗，保留好能量與資源，讓各自都能去尋找自己想要擁有的關係及事物，及想要經歷的人生。

人各有志，也有不同的喜惡及性格，所以才會去選擇自己想要歸屬的地方或群體。為自己辨識與選擇正向互動的關係與環境，不陷入強迫的執念，非要什麼樣的人認可與喜愛，才能證明自己的價值、肯定自己的存在，這種強迫性的執念，往往不是重視客觀事實的呈現，而是自己內心的某種設定、某些非要不可的執念，造成了負面人際關係的無盡輪迴。

自我慈悲與關懷的培養

當一個人可以漸漸地、實實在在感受自己的生命價值時，同時投入到興趣或愛好中，並找到可歸屬的群體環境，通常此時明顯可見過往關係中的情緒創傷已有所修復。能降低與減少對過去關係受挫的過度介意，把精力和能量投入在增加如今的生活滿意度上。

規律的體育活動不僅可以改善身體機能，還能有效減輕壓力和提高情緒。當你發現可以自在地散步走動，不再把自己封閉在暗不見天日的房間，也不再委靡退縮、癱軟不想動，此時也可以感受到內心已具備一定程度的安全感。

人有安全感，才會行動得力。當人感到不安全、恐懼時，勢必雙腿發抖無力，受制於恐懼情緒的支配，因此，要偵察自己是否具有一定程度的安全感，就體察自己的行動自由度如何？有沒有被過往的神經質神經迴路支配與綁架？有沒有手腳都顯得麻木、無力或僵硬。這些都是人體的身心運作非常明確的反應。即使意識念頭想否認或偽裝自己沒有害怕或擔憂，身體的反應向來最誠實，如果忽略身體反應，並且迴避關懷自己，那麼受制於內心壓抑的不安全感，就容易出現某些拖延及迴避面對的現象。

自我願意關懷自己，體察自己身為凡人，本身會有脆弱與限制，因此更願意支持及寬容自己，這會為自己挪出更大的情緒體驗空間，讓自己的情緒有大房間的感覺，不會一下子就受情緒壓迫，導致窒息或重壓。然後，給予自己的感受及體會同理與涵納，知道自己的感受有其脈絡和原因，有些因素發生在很久以前，有些因素來自於最近的環境和情境。因為能理解自己的遭遇，也洞悉自己所處的社會情境，才能慢慢以人的身分去理解和接納自己所發生的影響和反應。

逐步建立新和健康的關係

在你慢慢前進自我的修復歷程，並更深地洞察自己、接納自己，當你準備好的時候，再嘗試開始有意識地開展新型態的人際關係。不需急於尋找替代的關係來慰藉，而是專注於如何建立可以安穩且有意義的聯繫關係。

新的人際關係能幫助我們練習建立新的互動模式，這可能會需要同時學習複雜性的處理訊息技巧，以及成人式的溝通方式，提升自己的溝通能力，確保尊重、穩定、理解及回應的方式，創造有益的人際關係品質。當你與人互動及應對人際關係所出現的衝突、不一致、糾結等等的能力提升時，你的安全感也會隨之升高。

事實上，我們內心時常的不安全感，正是來自我們在關係的互動及溝通中，時常感受到內心激起強烈的情緒，在引爆關係的對立和衝突，那種要戰個你死我活的激烈爭吵或感覺受壓迫所導致的不適感，損害內心的安全感，造成個人身心健康的耗損。

發展高功能的心理安全感調節能力

你不需要時時刻刻都要確保有安全感，正因為執著在「非要安全感不可，否則什麼事都做不了」，才讓一個人被內心感覺到的不安感支配。而不安感就如同前幾章說的，和「安全」無關，甚至沒有發生任何真實的不安全事件或意外，但人還是可以被自己大腦想像的災難畫面、可怕情況驚嚇。

要建立安全感，雖說不是簡單的技巧和能力，否則嬰幼兒照顧者或幼兒教師就不需要有足夠的知識和技能，來確保幼童心理發展不會造成不必要的損害和創傷。但即使學了專業、修了學分，也不意謂照顧者和幼教老師能把孩童的安全感建設好，如此就可見建設心理安全感的任務有其複雜性和困難性。

我們要重建自己內心的安全感，漸漸累積對自己的觀感有足夠的信心和價值感，要有心理準備，這並不是容易達成的任務，要抱有緩慢前進也沒關係的想法，不要不切實際地認為有沒有捷徑或一勞永逸的方法，如此又會落入虛空的自我建設，一遇到阻礙或打擊，就立刻摧毀、崩壞。

所以在重建安全感的歷程中，要允許不安全感的出現與發生。緩緩地容許及涵納不安全感的存在，也深知這種神經迴路啟動得很快，但那是自動化產生的身心反應，並非是自己真的遇到生命危險。

當你懂得和自己的不安全感開始有不同的關係，能夠與你的不安全感對話、靠近、互動，能影響你的不安全感慢慢獲得調節、漸漸恢復平靜，不再任由不安全感支配及操縱你時，你已有力量掌控內在的狀態，不會時不時經歷內在情緒海嘯，此時的自信與把握，會讓你經驗何為「安全感」。

所以不是什麼都不嘗試調整或改變，樂觀地認為「船到橋頭自然直」，就會自然擁有安全感。此種樂觀不是真實看見自己的能力與肯定自己的潛能，反而像把頭埋起來，不聞不問，以迴避的方式不要面對就當作沒發生什麼事。

總體來說，建立心理的安全感，是一種與自己整合的力量，相信自己的存在，不論經歷什麼、遭遇什麼，都有應對和承擔的韌性，去承認問題的存在，也看見問題的發生，試著去處理，無法順利處理就學習，開啟自己過去未曾經歷的能力，進而更多地發現及認識自己，感受到自己不再重複地被過去限制，也不受過往的經歷所宰制。

要能有這種應對所面臨的處境的勇氣，需要發展高功能（高效）的心理安全感調節能力：能分化與處理人我關係的課題分離，確認及設定自己的人際關係界限範圍，並釐清責任歸屬及分工。在處理的過程中，有效地因應及照顧自己的情緒狀態，懂得安穩自己，也懂得自我引導去看見客觀的事實，然後適時地放鬆及幽默看待問題。越能有效運作理性與感性能力，並連結理性與感性的合作，達成自我溝通與決策，內部處理與因應就能不當機，降低產生過多的危機感及不穩定感。

人有安全感，才會行動得力。
當人感到不安全、恐懼時，
勢必雙腿發抖無力，
受制於恐懼情緒的支配。

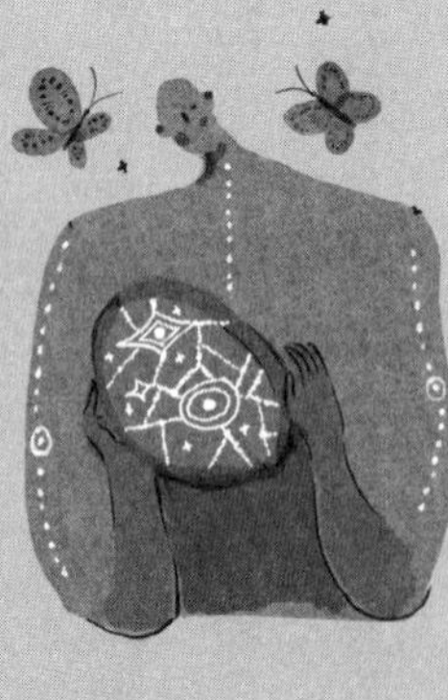

09

重新「習得」安全感：過一個安適自在的生活

依戀關係損傷所造成的安全感匱乏雖然痛苦，但好消息是並非不能修復。某些層面，修復與自我發展的成熟度息息相關，隨著年齡增長及歷練增加，我們也會增加面對人世間問題的能力與資源，感到自己不再是年幼時或年輕時那樣，遇到問題及情況時那麼懵懂無知與毫無頭緒，而深感恐懼與不安，深怕自己無法面對、深憂自己處理不來。

當然，若內在持續地待在幼兒心靈的位置上，以不甘心及埋怨來抗拒自己早年依戀關係受損的事實，延宕自我修復與療癒的機會，也放棄自我學習及成長，維持在幼態階段，那確實可能一生都難以感到克服依戀關係損害帶來的痛苦影響。

就如個體心理學創始者阿德勒名言：「幸福的人用童年治癒一生，不幸的人用一生治癒童年」，究竟我們能不能借鏡童年的經歷與遭遇，有所領悟、覺察進而改變過去傷痛帶來的影響，朝向幸福的路上？還是我們會終其一生，受童年的不安全及不安定，甚至貧窮及匱乏感所支配，直至人生最後一刻，還是感覺彷佛仍活在童年的悲辛時空中，痛不欲生、哀怨糾結？

透過適當的策略和支持性修復歷程，你可以從中恢復自我的力量並獲得成長性的突破。這一過程需要時間和耐心，但最終可以幫助你建立更穩固且充滿愛的關係，尤其是與自己的關係。

以下以十步驟來說明，但並非順序，也不是一個關卡完畢才能進行下一個關卡，如果覺得哪一步更有資源、力氣和動機進行，從那一步開始也是好的開始、好的起步。

第一步：建立新的自我概念與適當界限感

當我們的情緒界限混亂及分化（獨立）不全時，所產生的諸多人際現象，往往會容易起紛爭、糾葛與發生各種失序失控的衝突，頻增許多人際不安全感的發生。這些現象包括：

1. 群體中有人想以情緒反應控制別人行為，達到自己的需要及目的。
2. 群體中有人會覺得他人必須以自己這邊的情緒為重，並要求全然認同自己的所有情緒和行為。
3. 在群體中，本來自己沒有別人或對方那樣的情緒，卻被煽動或勾起混亂感受情緒，例如被要求要同仇敵愾。
4. 在群體中，不論別人的感覺或想法真實為何，很快就以自己的感受去臆測對方的感受與想法和行為原因。

5. 自己的情緒無法自我調節與自控，而一貫地認為別人沒有回應到自己想要的，就絕不善罷干休。

當物理環境是安全的，沒有生命危害如災難或戰爭，或遭遇不可控的意外傷害時，人們最常見的不安全來源即是人際關係互動與接觸時所產生的「情緒感受」，特別是相互牽扯的諸多感覺及想法、評價與判斷。

與人互動時，雖無法在每一回當下都能辨識和處理好情緒界限，避免侵略與操縱的問題，但清晰的知識、辨識力和覺察力，還是多少能節省時間成本，把各自的情緒分化開來，進行釐清及課題分離，把情緒處理的責任歸還給產生情緒的當事人。

情緒具感染力，也有沾黏性，容易與環境及他人糾纏及相互激發。

情緒來自情感，透過心理與生理的感受力所產生的情緒觸發及牽動。共感性很強的人，尤其容易受環境情緒影響，引發共振的情緒能量與波動。若因無法確立彼此的獨立性，無法分化出個體間的人我分化的界限，那麼，受他人或情境的拉扯及騷擾，幾乎是避免不了的事。

所以，我們才需覺察，早一點知覺到他人與環境是什麼情況、辨識與評估當下的情緒引發或形成是怎麼回事、什麼樣的脈絡；洞察他人正在經歷什麼情緒歷程，而當下的我又是怎麼產生情緒歷程的？

無所知覺者，就只能受情境與他人的牽動、引發及拉扯，直到你深覺不對勁，想脫離也需要花很大的力氣。

焦躁不安的環境（包括他人），容易勾動焦躁不安；負面抱怨及評斷的環境，容易勾動負面的抱怨及評斷；暴怒或攻擊的環境，暴怒與攻擊的引發也特別多。人活在情境中，很難不受到情境的引動與牽扯，所以才需要慎選環境、辨識情境，並進一步提升自我的覺察力，深刻地分別出自己的「完整性」，瞭解自己是自己，永遠可以有自己的想法、感知與價值觀體系，不用受到他人或環境的操縱或煽動，不必總要無法避免地受情境牽扯與糾纏更多不適的情緒，甚至有害的情緒。

離開與終止不必要的人際接觸，向來是上策。若無法立即離開與終止，也要試著找回自己意識的自我領導性，知道自己才是自身的統御者、是自己生命的主人，有自己的獨立意識與感知能力，不能任由他人支配和操縱。

情緒能掙脫與能辨識情境對人的影響是相關的，越能有客觀角度與彈性距離，早一步洞悉情境發生了什麼情況，我們就能有適當的心理及身體距離，為自己挪出可以彈性移動和有效處理的方法。也就是說，不要太沉迷於情境中，忘卻自己，將自己意識的掌控力交出去，以致迷失了自己。

重新習得安全感的過程，等於是重建自我防護的能力。為自己確保內在的安全心理空間，不會隨時隨地受他人侵擾和越界干涉，能確實擁有自我領域範圍的自主權。

當我們的心智狀態還停留在幼態化時，我們勢必會視自己為一個弱小、無助的、沒有能力的、必須依賴的狀態，此時的人無法擔負起照顧自己及護衛自己的重責大任，心態上會覺得一定要由環境來給予我，至少要由某個強大的他人來確保我的安全，並提供給我生存的所需，如此我才會有安全感。

就因為這種心態，往往一個人是長大了，也經歷過許多學科教育和生活學習，但心底卻盤據無法轉化及成長的幼態化信念，認定自己毫無能力，也沒什麼可具信心的條件，所以一定要依賴他人。這個「一定要」的執念，讓他無法和別人分化，分離出獨立的自己，對他而言，獨立的自己就意味孤單的自己、無所依靠的自己，這太可怕也太無助了。因此，他會放棄自己的成長性，把自己持續弱化、幼態化，以此來確保不會失去另一個他所希望依賴的人。

所以，若你經常性感覺沒有安全感，可以反思一下，是否你長期、持續地把自己弱化、幼態化？是否以此來拒絕成長及經驗到有能力的自己，以為如此就可以迴避獨立，能確保別人必須擔負起保障你安全、照顧好你的責任，並且不會離你而去，能永遠成為你安全感的保證者及提供者。

若這是你的心態，那你需要釐清及重新思考，長期拒絕成長，並持續把自己幼態化，才是你持續無法建立安全感、無法習得安全感的原因，如此你將會失去力量和能力做好設定個人健康的界限，確保自己擁有獨立的作為。因為強健的自我，其本質即是成為獨立的自我，擁有能力擔負起自我的運作及生活各項安排的責任，具備學習性和成長性，知道雖然情況會有困境或不順利時，但同時也瞭解這是自己的鍛鍊機會，去學習開展及成就自我潛能的蛻變過程。

在這一步的學習作業，我會給予以下的建議：

1. 重新認識「自我」的定義與意涵。每個人皆有自我，但並非每個人都有隨著生命週期在發展自我、茁壯自我。發展一個與你的生命週期相當的自我能力與自我成熟度非常重要。延遲或過快，對自我的成長皆會造成程度不一的破壞性，這是可以深入瞭解的。

2. 改變習慣把自己弱化、幼態化想逃避自我負責、迴避獨立性的反射反應。「自我」能因鍛鍊而成長，很重要的就是有實作經驗，因為有面對實際情況，雖然從不懂或不理解開始，但開始去認識、學習、經歷和累積心得，進而對人事物的處理和應對有一番訣竅及方法，並改善問題、有益環境，如此自我即有機會成長，成為獨立性的自我，逐漸有自己的個體性樣貌，最終實現自我。

3. 重新認知你的自我，你可以練習跟自己說，或寫下關於你要如何確立和認同「自己是誰」。請留意你所下的定義與認同是否是受了情感創傷的自己，或是在童年歷經許多恐懼及焦慮而停滯在幼態化的自我？在習得安全感的修復歷程，你需要去重新認識及找回的是在經歷創傷之前的你，生命原初的本質的你。所謂的本質，就是那些不會輕易被覆蓋、抹去、消除的你。你需要真正看見自己生命本質的力量，並把真實的自己認同回來。如此才是修復你的自我概念，而不是去過度認同受了傷後被弱化與持續恐懼、無助的你。

重新習得安全感的過程，
等於是重建自我防護的能力。
為自己確保內在的安全心理空間，
不會隨時隨地受他人侵擾和越界干涉。

第二步：建立安全感的新思維

我們的認知信念或是對一個情境的認知解讀，是決定我們情緒和行為反應的關鍵。你的意識，會決定你所理解的世界；你的解讀，會決定你如何感知一個情境或情況。

當你的意念快速地升起：「我完蛋了，好可怕，我一點辦法都沒有」，那麼你就會經歷一個極具壓迫的環境及他人。當你想：「我要慢慢釐清情況，並試著掌握可以施展溝通技巧的介入點」，你會漸漸地專注、專心、穩定下來，以期自己可以掌握情境，並找到方法與態度去因應。

人的「認知信念」是引動我們的感知、理解、詮釋、判斷及行為的中介，而不安全感的感覺發生，許多時候與客觀事實不吻合，而是腦中升起的信念框架所造成的威脅及壓迫，使之激起強烈的不安和焦慮。通常此時，已經大量忽略自己有的能力、經歷、鍛鍊，以及已經度過許多關卡的事實，只被腦中不可抑制的「唱衰」聲音、「貶低」聲音所綑綁、鎖住，心理空間沒有餘裕再去慢想，細細地幫助自己回想起來，自己其實有許多的天賦才能，也有許多實際度過難關、挺過挫折、勇敢面對失敗的經驗。

逆境、挫折、失敗及錯誤決定，確實會讓情緒難過、不好受，但並不致命。事實上，有非常多世界上的成功人士都分享過自己曾經遭遇到的挫折及失敗，還有一些悔不當初的決定，然而，他們之所以有後來的成就，正是他們認為那些挫折與失敗教會他們一些所不會、不懂的事情。挫折與失敗猶如大師，它們總是在你思考方向偏差、情緒失控釀成大禍，或是在你過度天真幻想、過於逃避而不願負責任時來到，若沒有挫折大師及失敗大師的當頭棒喝，可能人還是會憑著自己的執拗、傲氣、輕忽怠慢與逃避心態來面對問題、因應人生。能被實際的挫折或失敗教導並不可恥，往往是不允許自己會失敗，也否定自己有限制的人，會強烈羞辱自己，對自己感到可恥。

成功人士之所以能走過挫折、挺過失敗再站起來，正因為他們不把挫折與失敗視為「致命威脅」，他們沒有這樣解讀與做出判斷，更沒有花許多力氣想要把自己徹底鬥垮、責備死，推向無盡地獄。能否從挫折與難關挺過，重振旗鼓、整裝再出發，差別正在這裡。

如果我們有強烈的信念是關於「我好差」、「我好笨」、「我什麼都學不來、學不會」，甚至有更多威脅自己生存的恐嚇信念「我一定會被淘汰」、「我一無是處」、「我好弱小無能」……等等，這些削弱自我力量和能力的言語，讓我們長期處於不安全感、生存威脅感，使我們更難經歷到自在、平靜與安適感。

即使，客觀的事實是，雖然生活不是一帆風順，也不能永保安康，但我們的日子也會有平順安全的時候，也有無事一身輕，感到天下太平的時刻。被不安全感所支配的人，會否認無所事事的時候，會自己找尋煩惱的事，無中生有那些腦袋想像不完的災難與問題。就算那些他所認為的問題或可怕的事，現在一點線索也沒有，他也會因為心理的不安全感，認定那些事情都會真實發生。

例如，一個不安全感強烈的人，一與人交往就認定自己會被背叛、被遺棄；一個人剛新婚，就認定伴侶會外遇；一個人剛入職場，就相信自己一定會被欺負；一個人在生活中，隨時隨地覺得別人要對他不利。這些深信不疑的信念，以不安全感為由，認定只要他們有這些感覺、這些情緒，就一定有對應的客觀事實會發生。

某個層面，我們也要顧慮是否有這些情況的人，已經有某部分的認知功能障礙或損傷的情況。對一個大腦功能健全的人來說，能分辨「想像」和「事實」的分界，能清楚明白「我所想的、所認為的」和「客觀事實」會有差距或是不同的。如果是自己所幻想而出的，例如像小說情節般的幻想戀情，認知健康的人會知道這是自己所想像的，而不會想著想著，越想就越覺得這是事實。雖然有人喜歡以幻想的情節創造一個心理空間來迴避現實生活的壓力與煩悶，但只要能清楚知道這是出於自己的想像，而非是真實的世界，只要停止想像或幻想，就能回到客觀世界生活，瞭解這個客觀世界運作的規則，也還算是具有認知功能。

但把想像的或幻想的毫不猶豫也沒有進行任何辨識就視為客觀事實，那就需要進一步去心理評估和衡鑑，是否認知功能已有某些損害。可能是器質性的（腦部有缺損或疾病），也可能是心因性的（人格問題或情感創傷導致）。

如果一個人的自我功能還是具備理解、分析、歸納與重整功能，並且情感上，也能保有對情緒的自然感受，並與人有情感交流與連結，感受自己的社會功能也能運作，透過學習、觀察、社交、工作，讓自己找到歸屬感與價值感，那麼都會有能力與機會，調整與重建自己的人生架構，為自己鬆動早年生活制約的不適當不安全信念，轉變為具有安適感、從容感與平衡感的內在運作系統。

除此之外，若你困在一段不舒服且憂慮、委屈的關係裡，那麼你可能相信了一個腦中的不真實信念，造成你人際關係的陷阱。例如：「如果我不讓他滿意我就完蛋了」、「失去他我會活不下去」、「若他不高興我將會有生存危險」……諸如此類幼年時的恐懼。這些也是屬於非理性的信念，由早年內化的偏誤認知所制約而成。

這些信念讓人深信不疑自己的危險，也堅持認定他人的強大及重要性，若一旦讓他人感到不悅及不滿，自己即有生命危險，並且毫無招架的能力。

如此把自己弱化、卑微化，並把自己的能力去除，只感到滿滿的無助感和無力感，更使自己必須停留在關係中，任由對方宣洩各種情緒及做出各種傷害的行為。這類關係威脅或情緒操縱通常來自雙方的合力演出，一方扮演跋扈、威脅及操縱者，另一方扮演討好、取悅的配合者。這種合力演出也是一種沉默契約，沒有誰說清楚了，卻很有默契或像說好的一樣，一定要照著某種無形的情勢、情境、情節進行兩人的互動模式。如果一邊是施虐者，另一邊就必須扮演受虐者。

為什麼要如此配合呢？為什麼在沉默中就自然而然地形成這樣的強弱、施虐或受虐的關係呢？但必然來自我們內在的認知信念，認定了某些情況是非常可怕、不可以發生的，卻不是真實地、客觀地辨識究竟什麼才是真正的「危險」。

就認知功能造成某些損害的情況下，無法理性思考及客觀辨識的後果，他們會以為「失去關係」和「讓對方不高興」是危險的，而無法有效地意識及辨識出「虐待」及「暴力」才是危險的。換句話說，他們對真正的危險已經不具評估的能力，自己處於危險的關係和處境，他們毫無知覺，甚至有些麻木和抽離，卻可能聽到對方的口氣或埋怨，焦慮驚嚇到不知所措，非要自己趕緊做對什麼或解決什麼，來獲取對方的平靜和認可。

所以，第二步的練習，要多加強自我內在思考能力，以及強壯自己的自尊和自我認同感。內在有力量了，才不會落入習慣性的無助無力，再度被幼年時制約的信念綁架，造成你無法離開不適合的關係，反而用盡一切的心力和犧牲，為了得到這一份有害關係的認同。

這種情況，就像一個孤單很久的人，內心脆弱且渺小，有一天被團體中的霸道者注意到，為了得到霸道者的認可，不要被霸道者欺負或惡整，自己努力地做到霸道者的要求，各種命令、威脅、強奪、侵占，樣樣聽話照做，甚至不拒絕地去偷和搶霸道者覬覦的物品，就是希望能被霸道者視為自己人，能如對待自己人一樣地保護他、讓他依靠。

這是非常錯亂且混淆的情況，為了求得被保護與可以依靠的「安全感」，中間過程一直承受各種不安全事件且做出許多不安全行為，然而人們卻執著在他內心渴求的安全感需求，無法果斷拒絕及離開錯誤的關係及極具危害的處境。

說到這裡，希望讀者們可以瞭解到，當我們的心智不夠具有能力或力量時，就會受某種不知名的潛意識恐懼及情緒陰影所支配和挾持，那時的我們做很多行為都會不知其所以然，無法洞察清楚自己究竟為什麼要這樣做、那樣做？

在這一步的學習作業，我會給予以下的建議：

1. 請將自己內心造成不安全感激發的信念找出來，那就如電腦的侵害病毒、木馬程式，會讓電腦運作失常，嚴重的話還會造成所有資料不見。所以造成內心惶惶不安的不安全感信念，不僅會讓你在生存的運作上無法有基本功能，嚴重的話還會造成你踏入錯誤且具危險性的關係，讓人宰制，失去自我的主體性和自主能力。

2. 找出這些猶如病毒程式的信念後，一一釐清。若身邊有理智較強的人，可以試著與之談話，訪問看看具理智的人會如何解析及看待你所認定的「不安信念」，他們是如何拆解及破除的，又是如何客觀地澄清這些信念。多學習你所不擅長，甚至陌生的思考方式，這是你需要多加累積、鍛鍊的能力。

3. 激發不安全感的信念多與原生家庭有關，那是受原生家庭或原生父母強烈以威脅及恐嚇行為（例如肢體或情緒暴力的威脅）所造成的神經迴路反應，同時也成為我們深信不疑的危險訊號，因此在這一步的功課上，要多加練習拆解及辨識過去家庭或父母的哪些行為和對待方式，讓你過度內化及過度認同自己的弱小及無能為力。若這一步的回看及整理太辛苦，情緒會經歷強烈的衝擊及起伏，尋求心理諮商專業的陪伴與協助，會是一個增加安全感的安排。在面對自己內心的黑暗，我們都需要裝備溫暖和亮光，以守護好自己。

在面對自己的黑暗，
我們都需要裝備溫暖與亮光，
以守護好自己。

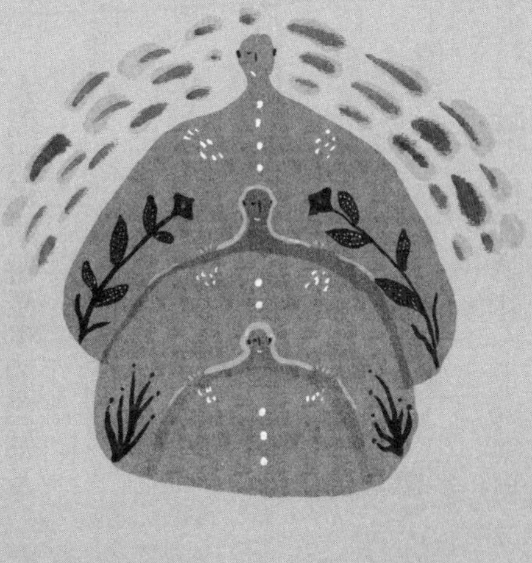

第三步：學習敏睿的情感安撫與情緒回應的心理關照

成人世界的不安全感發生，除了環境中所出現的真實危險及威脅的不安全事件之外，大部分會在心裡產生不安全感的即是：「**人際關係間所產生的恐懼及不安情緒**。」這是這本書談到現在，最主要的核心訊息。

人際關係之間會產生諸多恐懼或不安的情緒，在前幾章都有討論到，那些是關於人際關係中曾被排斥、孤立、暴力、威脅及挫折的創傷經驗。整體而言，即是針對我們個人施行各種否定、羞辱、唾棄、歧視及排除的行為，想徹徹底底毀滅我們的生命價值與尊嚴，讓我們以為自己是不值得存在、不配存活的。

如果，你能漸漸看懂這個情況，洞察這個來自黑暗人性的詭詐、不善與自私，甚至有許多自戀及傲慢的習性，那麼你就要試著不要讓自己接近這樣的惡意，不讓自己有機會踏入污濁險惡的操控關係裡。

但是，即使你大部分生命時間都是清明與謹慎的，也不意謂你不會遇到這樣的人，也許在路上、街邊、店家、工作職場，甚至以為是最安全的家裡，都有可能無法完全避免接觸到有這樣習氣性格的人。所以產生許多不舒服、不適應的情緒，就可想而知。

然而，如果只是任由痛苦不適的負向情緒發生，那只會讓我們不停地受負向情緒的壓力重壓，當負向情緒滿滿充塞在我們內心空間，我們也沒有什麼心理空間的餘裕再去體驗什麼是正向的情緒，也沒有好能量去創造及實現想要的生活品質。

所以，與外界環境或人際關係之間產生碰撞或衝突，這些負向情緒很需要我們的關懷與調節，適時地進行情緒安撫及回應，讓自己的負向情緒得到一些釋放及抒解，這也是為自己身心解壓、恢復彈性的過程。

以討厭的情緒為例。

討厭來自厭惡的情緒，這種情緒功能來自「欲排斥」的動機；是為了讓我們「排斥」掉一些不好的物質（例如某種食物、某種不衛生的環境），也排斥我們不喜歡的接觸（人事物皆有可能）。

討厭所引發的情緒，可以讓我們進行分化、隔離，透過去討厭一個人，來顯示自己與對方的不同及差異。心理歷程上，越討厭就表示心理在進行越強烈的排斥，以此來和對方分割、疏離，迴避和對方的靠近和連結。

討厭或厭惡的情緒就生存價值來說，有保命的功能，避開有害的物質與環境。但若生活只剩下厭惡，厭惡這個、厭惡那個，換句話，排斥這個、排斥那個，或遠離這個、遠離那個的話，那生活中大量的厭惡情緒，不僅會將我們緊緊封閉，還會與外界都斷聯，失去了社會連結，讓自己活在非常孤立的狀態。

因此，除了有功能性與選擇性地運用討厭的情緒，我們的生活真的會帶來能量與向前動力的，是「喜愛」或「喜歡」。去感受自己會喜歡的人事物、接近與歸屬會喜歡的關係，這些都能為自己帶來某些安全感與安適感，降低壓力，減少壓力導致的身心疼痛不適。

生活排解不掉的厭惡，會造成更多的適應不良，也可能讓自己對生命越來越無力和沮喪，導致厭世。所以，雖然厭惡的情緒也是一種情緒的體驗，同時具有生存的原始功能，但累積滿載還是可能形成毒化情緒，傷人傷己。讓自己和關係，都處於水深火熱的厭惡感中，要嘛冷漠疏離（因為要迴避）、要嘛強烈攻擊（要消滅排斥源）。長久下來，耗損生命能量，也不是上上之計。

如果產生了滿滿厭惡的討厭感，還是要試著解開，累加與堆積一起，厭惡可能會演變成巨大的消滅與攻擊能量，殘害生命。而厭惡也是歧視和嘲笑的源頭情緒，厭惡到極點而詛咒他人，甚至詆毀他人的事情時不時在發生。不處理和調節的厭惡情緒，造成的損失和危害也是不能忽視的。

人際關係中的厭惡感，多來自想要區隔、排除自己不喜歡和排斥的行為和特質。像是和自己的為人差異太大，或不是自己認同的行事風格及觀念，又或是覺得對自己有生存威脅的人，都可能在我們內心起了厭惡情緒，想要排除掉對方的存在。

因此人類社會才會那麼需要尊重和理解的能力，透過理性的思考過程，多做換位思考的修鍊，不總是主觀地、自我中心地就去論斷和對外界或他人貼上某些負面標籤。試著在差異之間，能產生更多更大的空間，包容每一個不同的個體，都能夠有安適存在的空間。這也是一個成熟和具有理性社會需要去發展的文明。越有個人自由的社會，越需具備換位思考的理解和尊重能力。

那麼，像是厭惡或討厭的情緒，又或是其他的負向情緒，比如不平、嫉妒、憂傷、挫折與沮喪等等負向情緒發生時，我們要為自己做什麼呢？

最要緊的莫過於是「情緒調節」，包括安撫、支持、同理、接納與回應。在情緒調節的歷程，目的是：舒緩負向情緒壓力，因為負向情緒的壓力會啟動生物生存機制的威脅感和危機感，這時壓力會導致壓力皮質醇升起，使生理的狀態都處於高壓中，為了抵抗這種壓力，身體必須激發出壓力賀爾蒙以應對壓力的存在，久而久之身體器官的功能會消耗、倦怠，長久以後會衰竭。

因此情緒調節，是為了即時緩和高張或過度低落的情緒，使之恢復平緩，也是讓我們能回到安全舒適的狀態，及時修復身心所消耗掉的能量。只有安全時，我們才能好好地放鬆、好好地修復。而唯有好好修復和休養，我們才能沉澱、重整和蓄存能量、滿血回歸。

情緒調節過程的各項目，可以用書寫的方式，自我對話和整理，也可以找信任和安全的對象，進行這個過程所需要的關懷及協助。能為自己進行有效的情緒調節，也等於是為自己進行情緒急救，不讓自己遭遇身心的損害卻漠不關心，這是一種最實際的善待自己的方法。

以下各項目，可以從小衝擊事件開始練習，不求一下子要從巨大情緒事件中一次到位，立刻安頓成功。為了累積自控感和成功經驗，從小事件的起伏試著往內安撫，自我對話，調節內心不安及混亂的情緒糾結，找到回復平穩平靜狀態，並且練就到成為新內化的習慣，很自然地能用調節情緒的言語回應自己，這就離習得安全感的目標更近一步了。

情緒調節過程

項目	怎麼做
安撫	安撫就猶如嬰兒不安時被輕拍、輕聲哄，主要功能是穩定地進行情緒的壓力，你可以輕拍自己的胸口、規律緩和安撫亂跳的心臟，並且調整呼吸，長吸—長吐。也可以以一手輕拍另一邊的肩膀，就如我們幼童時被照顧者安慰，並在這個歷程中感知自己的身體反應與自己當下的狀態即可。保持不評論和讓腦中的聲音停歇，只做安撫的歷程。
支持	支持是一種認可我們的存在，也是讓我們感受到有一種力量在我們身旁，我們不是孤伶伶，無所依靠的存在。因此可以去聯想曾經感受到的支持，有人認同也挺你。或是當下對自己表達這一份認同，並支持自己可以有自己的存在位置、感受、價值觀和想法，這是身為一個人的基本權利。
同理	同理是理解自己的感受脈絡是什麼。既然是理解，也就是能從自己過往的經歷和遭遇，包括可能的創傷或心理陰影中理解自己的情緒反應及感受的激發其來有自。願意以同理去瞭解自己，並體會自己感受中的身心體驗，知道有這些情緒歷程的自己，正在經歷什麼、承受什麼，能對自己說出同理的回應：「我可以理解自己

	身上發生什麼事？」「我感受到……情緒，也感受到身體的衝擊和壓力，我為我自己經歷這些情緒歷程，感到承受的過程很不容易」。同理也是一種願意連結和同在的意義。迴避情緒或不願意承認情緒發生的人，是無法同理的。因此當我們願意對自己同理時，我們會感受到內在的自己多了一些自己願意面對、願意和自己連結的力量，這時的心理會多了些充實的增能感、增強感。自己不再只是孤伶伶的，連自己都嫌棄和遺棄的人。
接納	有了同理的連結和同在後，我們進一步能對自己表達接納，接納是不批判也不迴避的面對及包容所有真實面向的自己。不是只有正面的，我們也有許多陰暗面的，可能是主流價值不允許的，我們也摒棄的，現在開始能把各個部分的自我，如一片片的拼圖拾回來。因為接納完整的自己，任何一個小片都是完整自己的一部分，我們有接納的能力和胸懷了，才能把屬於自己這一個人完整的存在及樣貌呈現出來。所以即使看見及經驗到自己憤怒或嫉妒的面貌了，在覺察的歷程，不再經歷被打壓或批評，只需要去發現、認識及看見。
回應	對自己內心情緒起伏的調節歷程，最後的回應非常重要。所謂好的話語讓人身心舒暢（至少能鬆一口氣），而雪上加霜的惡言惡語，將使人墜入幽暗深淵，很難再爬出來。

回應

我們過往遭受或聽過的惡言惡語其實很多，不需要再增加及複製更多。然而，即使你心裡不想增加，都因為內化及制約而自動化地就會對自己說些內耗自己、貶損自己的惡言惡語，讓自己更加挫折、無力、憂鬱滅頂。在對自己進行正確的情緒調節歷程，回應的語句是需要重建的，也要能去感知自己真正需要的修復話語是什麼。究竟只是給自己壓力，還是真的給自己能量和力氣去面對，這需要靠自己去分辨及覺察。

回應的練習，若是能基於前幾個項目的進行，與自己深度連結與靠近之後，說出的語句通常能較有撫慰性和親密感，較具寬容度或接納性，會把自己視為一個重要的人去關懷和重視，對自己說出的回 應就能具有療癒、修復力。

例子說明：你的報告或作業可能被指出一個疏失，上級或主管口氣沒有很好，看起來有些不悅與煩躁，你表示自己會盡快修改，謝謝對方的指正，但回到你自己的位置或空間，你仍感受到內心亂糟糟，有些心慌，印象中你有再三確認和檢查，但實在不知道發生什麼事情，毫無頭緒究竟為什麼會發生這樣一個明顯的錯誤，即使是小錯誤，你的心中都還是七上八下，覺得自己好像被抓到什麼疏失，顯得自己做事很不小心、粗心大意，同時感受到羞愧與自責。

若是以上的情境，依照情緒調節五項目，你可以這麼做：

安撫：先平復剛剛激發的心情，沉靜地給自己幾次深呼吸。吐氣時加長，是吸氣時的兩倍。例如吸氣2拍，吐氣4拍。吸—2、吐2—3—4，進行三次。接著雙手環抱身體，交叉的雙手輕撫或輕拍自己的雙臂，心中默唸：沒事了、沒事了、沒事了……直到覺得自己的心神有比較回到此刻當下，也覺得剛剛激起的混亂感有沉澱下來。也許此時會有些激動的情緒湧出來，讓喉嚨、鼻腔及眼眶突然間想哭或流淚，繼續保持呼吸，並允許一點情緒流出，這是生理自動把太滿的情緒往外釋放的反應，內在的壓力也可以舒緩一些，猶如水壩洩洪。

支持：此時用默想或冥想的方式，感覺自己有一些能量化身為另一個人的感覺，抱住自己，並如一個很重視及關懷自己的朋友般的，對自己說：辛苦了！我知道這一段日子的你有多不容易。雖然被檢查出一個小錯誤，會一時覺得自己真的很糟糕、很差，但這其實是因為你已經辛苦很久了，內心長時間的壓力承擔，會讓自己以為這個情況真的很糟。它是一個錯誤沒錯，但人難免都有疏失，慶幸的是這都可以面對和補救，一切都還有機會。

同理：同理是基於對自己情緒歷程及脈絡的理解，因此很重要的是，不論是情緒的啟動或身體的反應，基於對自己的認識及連結，能對自己表達出深度的同理，例如：「我會突然地感受到一陣暈眩、天昏地暗的感覺，突然感覺好像小時候被抓到錯誤時，被唸不停、罵不停的壓迫感，突然之間恐懼上升，我知道當下其實沒有發生可怕的事，但在我內心有一種窘迫感好像不放過我，好像一直在罵我說：你怎麼這麼笨，這一點事都做不好！這讓我覺得好難過，突然間好像失去了力量，也不知所措，不知道要怎麼自處。這樣的歷程，真的讓我的身心都承受很大的壓力及痛苦。」

接納：不論在情境中發生什麼歷程，我們都可以瞭解到身心的反應是當下的、是自動化的、是直接的，所以不論那些情境中的身心遭受什麼、體驗什麼，我們都能允以接納，接納那個過程已是發生的事實，知道事情雖然不圓滿也不順遂，可能自己確實也反應不過來，或身心震盪得厲害，都一併接納，也從接納中去和每一個時刻的體驗和經驗到的面貌真誠相對。例如，原來自己會慌張、原來自己頭皮發麻、原來自己會感到那麼脆弱、原來自己會失落或低落。不論在情境歷程中，發現什麼體驗的自己，當我們願意給出一個體驗的生命空間，那麼那些體驗都是體驗，不用被論對錯好壞，也不用對自己貼上什麼批評的標籤。給自己自由的空間，讓自己的人性體驗可以更自由、開闊。

回應：在回應的項目裡，是給自己較完整的一個整理，其中含有：(1)情境的摘要、(2)過程經歷的回饋，和(3)一個行動或接下來的指引。把(1)(2)(3)加起來，可以是這樣的呈現：(1)我剛剛發生了一個經歷，我被主管指出一個文件上的錯誤，當下的我有點意外，突然之間也被自己的羞愧感和自我質疑套牢，忍不住批判自己糟糕，也懷疑別人會怎麼看我的能力。(2)在我有點沉澱，體察自己的身心壓力後，我發現即使是一個小錯誤被指出，我都會有強烈的無地自容的感覺，我想這多少是因為過往成長經驗對我自己造成的指控和不信任。雖然內心如此激烈起伏，但我可以感受到自己還是試著面對，除了對外在情境還是去處理和因應，對我內在所感知到的，我試著去調節、去停止無限內耗，我為我自己在進行的調整和自我照顧感到自豪和肯定。(3)現在比較安定了，好像颶風或海嘯過去的感覺，我知道我有些疲憊，所以我想要給予我自己一些好能量的補充，陪自己去舒展身心，也答謝自己在這一個波動中，還是挺住了自己，我好愛我自己，並深深地敬佩自己。我願意給予我自己無條件的支持及更寬容的空間，陪自己去發覺更多體驗的自己，並試著從這些覺察及發現中，辨識出自己的傷痛所在，為自己慢慢療傷，恢復健康。

你也可以在一個能感知到情緒起伏、激烈的事件後，為自己進行這些項目的練習，嘗試做，才可以感知到自己的長項與不擅長之處可以再怎麼調整：

練習紀錄　日期：　時間：　地點：

事件經過摘要：	相關人物：	主要情緒與感受：	安撫：

回應：	接納：	同理：	支持：

情緒調節，
是為了即時緩和高張或過度低落的情緒，
使之恢復平緩，
讓我們能回到安適的狀態。

第四步：積極培育精神的超越力量

情緒在什麼情況下，讓你感覺到最痛苦、最不適呢？

事實上，每一個人會感受到痛苦及窘迫的情緒都是不同的。有人無法承受憤怒，覺得憤怒太激烈、太可怕；有人無法承受悲傷或憂鬱，覺得悲傷和憂鬱太沉重、太無力；有人則無法承受嫉妒或競爭感，覺得那種爭奪或比較，讓人快要窒息，藏有滿滿敵意及殘酷。

雖然不能簡化地談「情緒觸發」的因素和機制，但通常讓我們瞬間激發與瞬間被大腦的情緒核心——杏仁核挾持，大部分的因素成分，是因為那是曾經感受過的「痛苦」、「壓力」或「傷痛」經驗，再次被當下的情景喚起、喚醒。

於是，情緒中樞連動的效應，即可能淹沒我們的理智區域，讓理智當機、無法運作，而更深陷在被喚起引發的情緒記憶中，無法脫身。

過去壓抑或深埋心底的許多痛苦、不愉快與各種糾結混亂的情緒記憶，始終沒有機會好好重新看看那些歷程的經過，並且尚未能重新認知、理解或產生不同的詮釋框架，那麼被相似情景、情境觸發喚起同款情緒的機率會始終存在，反覆循環，甚至越演越烈。

那些深埋壓抑的痛苦、壓力和複雜性的情緒（例如：焦慮、恐懼、沮喪、嫉妒、無助、悲傷），會在我們身上造成如此劇烈波動和長久影響，多和「生命的不安全感」經驗有關，像是「被遺棄」、「被忽視」、「不被尊重」、「被貶低無視」、「被羞辱」、「被暴力傷害」、「被剝奪」……那些在我們幼年期感受過極為受威脅和痛苦的感覺。

如果，你的生命裡仍存在如此強烈的情緒喚起，及被自己的情緒中樞挾持，那麼在你激起情緒、升溫加熱的時候，調節你的呼吸，先讓自己好好呼吸、關注呼吸九十秒，並且感受到好像有清泉在你心臟的位置流動，再來讓自己走動，並讓自己有個小目標要進行（例如：我要去倒杯水喝、我要去呼吸新鮮空氣）。

雖然可能有人會誤認為這樣是迴避自己的情緒、是壓抑和轉移注意力，但你需要瞭解，在失去客觀釐清情況、理智理解問題的當下，被激發與喚起的情緒也可能不是當下真實的情緒，反而像是一個陷阱，讓你掉入一個坑洞，反覆被情緒控制與施壓，不停讓你受自己的情緒抨擊與消耗，直到筋疲力竭。

在情緒即將失去客觀理智能力的那黃金九十秒裡，我們所做的，就是先避免再被那些立即性的痛苦情緒拉住，不要變成情緒的人質或俘虜，以致失去了我們的完整性，也失去了我們的自由且彈性的行動力和分析力。

受威脅情境的激發，是後來的我們無法避免的經歷，畢竟沒有多少人小時候可以被完善完好地照顧及保護，總會發生令小孩子的我們十分驚恐及不安的情況。因此我們才需要辨識，究竟現在發生的事是客觀的威脅發生了，還是主觀的威脅感在作用。

一般來說，因為生命有脆弱的本質，因此怕死怕受傷本來就是人之常情，也是生物自然的求生本能，不希望遭遇危險、危害，不希望發生任何有損失的事。

所以人有防衛機轉，能在覺得危及性命的心理衝擊時，自動地運作防衛機轉，來進行自我內部系統的防護，隔離會威脅生命存在安全的來源。但就如我們討論過的真實的威脅或危險是很客觀的，例如現在有人拿起不明物體作勢攻擊，或是現在有陌生人過於靠近，對你人身個人界限做出不當舉動，就客觀事實來說這些情況是明確的「危險」。但主觀的威脅感不同，主觀的威脅感是以客觀事實來說或是旁人的角度都感受不到或不認為那是危險，但你的主觀會深深認定那是危險，是極度讓你不安的情況。

在主觀的威脅感中，不一定存在著客觀的威脅，而是我們的認知判斷、訊息解讀，認定那一定是威脅與危險。比如在許多情緒勒索的例子中，會被情緒勒索到的人，正因為他的主觀認知判斷中，認定了他所面對的人和情境是具有威脅的，所以他會被勒索、會被挾持，必須受對方情緒的控制，才能免於他所認定的危險。這當中會讓人陷落威脅感的引爆點就在於童年的情感創傷，或情緒陰影所造成的綁架與套牢，讓人動彈不得，失去行動力和自由度。

因此，增厚自己的精神力量是重要的。精神力量可以想成一座橋墩，橋墩的建材及結構越穩固、越有承載力，其能容納的車流量及重量也就越大。如果你的精神力量就如一條小木橋，或是繩索纏繞而成，那麼遇到水流湍急或是強風暴雨，不只無法再負重，橋本身就岌岌可危，隨時要斷裂。

精神力量虛弱，來自靈性層面的探索及經驗是貧乏的。精神力量，有些理論或觀點會認為精神力量來自痛苦的粹鍊，能從巨大痛苦中倖存下來、支撐過來的人，其內在的精神是偉大的，能忍人所不能忍，能經歷人所不能承受的苦痛。但問題是，每個人的痛苦可能都有，許多人痛苦的經歷還未轉化成厚實的精神力量前，就被壓垮，甚至只成為精神巨大的痛苦，遲遲不見轉化。若是一定要由痛苦粹鍊，那可能許多人在痛苦的遭遇中倒下，能倖存下來的精神偉大者恐怕是不多的。這些說起來，痛苦的逆境就如賭注，究竟你會活下來，並且活出你的超越與繁盛，還是你會陣亡倒下，萬劫不復？這誰都說不準。

那究竟要如何粹鍊精神力量呢？除了從痛苦的粹鍊及轉化中獲得，什麼是可能的實際作法？

就我的經驗，不論是我自己經歷過的痛苦，或是從他人的逆境與負面童年經歷的修復經歷來探究，至少要試著不再單一以物質環境，也就是這個有形的物理世界的論點來看待自己、看待命運及經歷。

當我們被這個有形的物質環境所制約及框住的情況，我們是感受不到無形的力量存在，眼睛看不見宇宙，不知道這個世界的浩大與廣闊，當然也無法去超越有限的人生、有限的際遇所帶給我們的有限經驗，去領悟或思想可能永續的價值與意義。

意思是說，當我們無法超越物質的有限性，注意力就只能放在現在這個點上，失敗就是失敗、成功才是成功，其他一切都沒意義。於是，心智膠著在這個點上掙扎、受折磨，無法放開胸懷地接受事情的變化，只能任由痛苦的情緒侵蝕身心，不停地、反覆覺得這個點（遭遇或事件）為什麼如此事與願違？為什麼這麼不如自己心意？為什麼自己這麼失敗？為什麼這樣糟糕的事是我遇到？如果無法離開這個非常侷限及狹隘的點，便會持續地被腦中的物質世界控制、支配，受各種自我中心的慾望綑綁，無法相信有一個更寬廣的生命空間，雖然當下事與願違，但峰迴路轉，也許轉個彎以後，一切有意想不到的收穫及結果。

受困、受限的思維會在我們腦中建構各種執念，那些「非要不可」、「理所當然」、「理想化期待」、「完美主義」的偏執意念，會把我們的心智侷限在只為了滿足「小我」的設定及期待，否則這個世界就太可惡可恨，否則就是我太卑賤太弱小，以此來懷恨世界與厭惡自己。

因此，精神力量可說是一種超越的能力與力量，能夠不被當下的情境或遭遇所決定，也不被過往的遭遇所限制。明白與洞察人生是累積與孕育發展的，充滿生命力和創造力，每一個開始都來自過去的結束、每一個結束都意謂著下一段歷程的開始。每一段經歷與遭遇看似獨立，卻又能玄妙地串在一起，形成有意義且精采的人生故事。

如果可以培養不受某一個情境或事件的發生就論斷為好或為壞，而是相信所謂好壞的定義是由自己去創造以及建構的。對物質世界的主流價值觀所定義的好，或許對你而言未必是好；對物質世界主流價值觀認定的壞，對你也未必是壞，所謂的好壞其實是由你的心境及之後走出的路而定。

能具有如此彈性、探索意願、創造力的態度與開放心，那麼這一份自由自在，即是一種能承載生命重量甚或苦痛重量的精神力量了。

在這一步的學習作業，我會給予以下的建議：

1. 試著去尋找可能更大、更高或更遠的角度來看待目前所遭遇的不順遂事件或壓力情境。例如：若從八十歲時過得很安適的你來看現在的遭遇，可能會覺得現在的遭遇或經歷如何？或是若是從造物主或所謂的神佛（全知全能全悟的位置），會如何看待地球上人類的一生及各種遭遇有何意義或有何旨意？就算沒有神佛的觀點，那麼從人類歷史的過去，再到人類歷史的未來，你會如何看人一生短短數十載，是為了什麼？有何終極的意義？

2. 精神的力量是能超越有限性的能力，從你過往的生命歷史來看，你覺得過往能度過、撐過曾經的痛苦、苦難、煎熬或是幽暗的歲月，是因為自己內心有什麼樣的不滅信念？可能是關於對生命某些意義的相信，可能是對自己生命價值的相信。如果能探索出你對生命價值的信仰或信念，或對自己生命價值的堅信，那也會成為我們精神力量的堡壘，讓我們不受一時的打擊或挫折擊毀。

避免再被那些痛苦的情緒拉住，
不要變成情緒的人質或俘虜，
以致失去了我們的完整性。

第五步：自尊與自我價值感是關鍵

不要把別人的拒絕或否定和「我重不重要」、「我有沒有價值」的評價掛鉤在一起。別人的拒絕表示他不能、無法配合，或有他的考量，否定則是來自對方的價值觀與個人經驗判斷。無論如何，你依然有屬於你的價值與重要性。如果你把「拒絕」視為傷害及挫折，把「否定」視為對你全然的否決，那麼你不僅會剝奪自己拒絕別人和行使否定的權利，也會耿耿於懷他人的拒絕和否定，傷己傷關係。

這也是人際關係不安全感的顯示之一，無法真實、真誠地尊重自己的選擇，因為擔心別人的感受與反應不佳導致關係破裂與產生疙瘩，寧可勉強自己接受或同意他人的意見。同樣的，當他人要回覆我們的邀約或意見時，我們也會剝奪他人真誠表達他真實意見及選擇的權利，覺得對方應該要來顧慮我的感受，也應該要滿足我的期待，否則就是在傷害關係、傷害我。

這種對「拒絕」反應的偏差感受，失去了理性，無法尊重個人的真實感受與選擇，必須配合某種情境或某個對象的期待來行事，本質上會有些自我扭曲或自我漠視的情況，才能辦到違心配合。把別人的評價或感受放在比我還要高的位置上，忽略自己內心真正的感受和想法，只為了能獲得喜歡或被接受，不會被排斥及拒絕，這仍是自卑心作祟，也是低自尊的表現。而這些現象皆來自文化的塑造和過往家庭和人際經驗的影響。

有人可能還有這種想法：「我都不拒絕你，那麼你也不能拒絕我」或是：「我都對你說好，當我有一天有求於你時，你就不能對我說不」，以自己的配合、不說不，來進行社會關係與資源的交換，利益互惠，或等著某天可以被回報。

但這恐怕還是單向且天真的想像，幼態化的想像成人世界猶如小朋友的世界，我這樣對待你，你就應該也要這樣對我。我什麼都給你，你就什麼都該給我。好像很公平、平等，有來有往，但往往都是一個人單方面的想法和設定，另一方未必有一樣的觀念及價值觀。

自尊低、自我價值感低落的人，比高自尊、高自我價值感的人擔心在人際關係裡被淘汰、切割和遺棄。他們內心的感覺是自己條件太差、能力太弱、本事太少，什麼都沒有、什麼都不好，因此有了一個朋友或交往一個對象，就必須牢牢地抓著、守著，深怕一不注意、不小心，對方就移情別戀，與別人熱絡起來了，那時的自己只能慘被遺棄和拋棄。

而高自尊與自我價值感較為穩定的人，他們的關注重點皆是放在自身的需求及發展上，需要瞭解什麼領域，就去接觸那個領域，並多認識在那領域中活動的群體。因為熱衷不同領域和興趣，他們會與不同的群體交流、交換經驗，並多加從別人身上學習更多拓展自己知識和能力的方法。所以他們不會把注意力放在自己有沒有被喜歡、被接受，也不會四處打量誰會注意到我、對我有沒有興趣。

低自尊或自我價值感低落的人，反而會時時刻刻注意著自己，在乎自己的表現、注意有沒有人在注意自己，想像著別人會如何打量自己的眼光和評價。從某種角度來說，低自尊的人也是隱性的自戀者，和高調、外顯的自戀者一樣，其基調都是不穩定的自我概念、不健全的自尊，無法清晰地認同自己的存在價值及個體性，反而時時刻刻需要借重外界的回饋及反應（例如掌聲及按讚、稱讚或表揚），才能稍微充實一些自我認可及存在的價值感。所以對外界的評價及重視得失心非常重，稍有覺得不被重視及肯定，或是他人的言語口氣及態度不佳，就會很快地懷疑自己的價值。只是高調、外顯的自戀者，可以用膨脹的自戀外殼去阻斷往內自我攻擊及質疑，而隱性的自戀者，則以低自尊、低自我價值感來自我攻擊及批評，一旦失落或失望了，沒有膨脹的外殼可以防衛，就會朝向自己內心攻擊，瞄準自己，拚命射擊、轟炸自己，以此來宣洩對自己的仇恨和失望。

有穩定自尊與穩重自我價值感的人，因為內在是恆定狀態，不需要時時刻刻衡量及確定自己到底有沒有價值？自己到底配不配得尊重？究竟有沒有存在資格？他能省下許多氣力及能量好好地朝向自己想要實現的自我邁進，促進自己的發展及成長，去解決發展方面的困難或阻礙，真實去解決問題，成就自己成為一個想要成為的人，達到自我健全安康的狀態（WELL-BEING）。

所以，在習得安全感、重建安全感的歷程，也是一段修復自我自尊和價值感的歷程。

對自己的存在價值抱持不確定感，有意無意就泛起懷疑自己生命毫無意義的念頭，對生活的體會很少是正向感受，而是經常感受到恐懼、消沉、懷疑，也對未來沒有希望感，這些都是低自尊的徵兆。這不但影響關係建立的歷程，也會讓關係負重難行，因為必須要不斷地預防及謹慎小心不要讓受傷低落的低自尊者更受傷、更受挫，所以關係的進行就必須如履薄冰，防範一不注意就碎裂、崩塌。

為了不讓關係像處於鋼索上或河面薄冰上，我們要練習把自尊維護好些、穩定些，所以要改變挫敗與攻擊自己的習慣。試著在自己所努力和付出的所在，看見自己的投入與堅持，回到對自己存在的肯定，從中感受到自己的力量與能力。而且要練習一種氣魄和胸襟：「即使沒有人看見或知道，沒有人認同及注意，我仍為我自己默默做的感到不容易、感到很佩服。」如此一再練就之後，我們能在各種事務上、磨鍊裡、互動中，自然而然地肯定自己、認可自己。也不需要因為一直沒有辦法充實地認同自己，而更在乎關係中的另一方究竟是什麼表現、表情、姿態與口氣，以致過於在乎在意下，更容易過度解讀、誇大失望。

如果你無法肯定自己，而不斷冀求他人給予肯定，或是你無法尊重及認可自己，卻不斷希望別人表現出尊重及認可你，這樣的你，內在會處於空虛、空洞狀態，沒有分量，也展現不出你的才能與價值。你所期待的人能夠比你還懂得你的才能與價值，這件事其實是不會發生的，因為別人的肯定與認可，是必須先從你的表現、展現而來，你都認為自己什麼都不行、什麼都不會，也沒什麼專長、特殊能力好讓他人來認識你，那他人要如何真的能看見你？懂得欣賞你？

某些人會誤會，以為要讓他人看見、肯定，就必須用討好、取悅及滿足別人需要的方式才能得到，才能被稱讚、表揚、稱許。但這其實不會建立穩定高自尊，反而更容易淪陷於不穩定的低自尊，只要沒有明確獲得對方的正面回饋，或被對方漸漸地視為理所當然，類似被當工具人了，那心中的自尊及自我價值感就開始不穩定，落入自我懷疑及質疑的憂慮中，漸漸地鬱鬱寡歡。

因此，在這一步的學習作業，我會給予以下的建議：

1. 先清楚地認知何謂自尊及自我價值感。這兩個概念都是來自一個人對自己生命存在的正面肯定態度。所以建立夠好的自尊，需要真正地對自己這個「人」有所肯定，而不是總把要不要肯定自己放在事情的結果上。例如，不是用考試的結果來決定要不要肯定自己，而是無論結果如何，都能肯定自己在過程中的投入、堅持或努力。

2. 練習對自己說正向情感支持的話語。把本來想外求被肯定與認同的習慣停下來，去想想，會想從別人的口中聽到什麼肯定？在期待他人能給予自己這一份讚賞或認同之前，先對自己說說看，感受自己真心實意地回饋自己，給予自己價值感的認同。

3. 自尊或自我價值感是心理結構的地基，因為對自己的價值有所肯定，才不用時時刻刻活在自我懷疑的狀態，而能夠好好地建築自己的理想與朝著成就的目標前進。為了鞏固好你的地基，請務必理解，地基是基礎，實在不能不紮實，因此往內的自我尊重與喜愛和對自己的接納，皆是要持續累加的能力。

習得安全感、重建安全感的歷程，
也是一段修復自我自尊和價值感的歷程。

第六步：洞察與接受現實世界的不可控制因素存在

現實世界有不可控因素存在，不在人掌握的範圍內。就像風，你不能控制風的方向；就像天氣，你不能控制是豔陽天或雨天；就像景氣的變化，你不能控制會不會發生什麼事情或災害，造成民不聊生。而人際間不可控制的事情也很多，例如：不能控制他人的解讀與觀點會怎麼產生，也不能控制他人的情緒狀態與情緒歷程會如何感受。更多時候，我們不能控制他人能否如我的期待、需求、念想、標準去行事與反應，因為每個人都是獨立的個體，是平等的，沒有誰該被誰支配與控制，也沒有誰應該有那個義務與責任，活在讓另一個人全然滿意以及滿足的狀態。

即使有人如此渴望，讓別人滿意與滿足，在現實層面，那還是辦不到，無法實現。因此人際間，我們才需要去學習表達、聆聽、溝通、回應、同理、尊重、澄清、核對、討論及形成共識等人際技巧，讓不同的個體，有著不同的觀點及角度，能坐在一起好好地說話、好好地面對彼此，試著好好地相處，創造出相處的合作性及安適感。

在表達時，盡可能做到掌握自己的表達，無論是文字、口語或是在溝通的歷程中。但我們說出的話，對另一個人、另一群人，聽到的詮釋與解讀，可能會完全成了另一回事、另一種目的、另外的意圖。

你無法去掌握及控制那些出於你的表達，之後會形成什麼樣的發展，可能石沉大海、安靜無聲，卻也可能成為颶風、海嘯般地引起生活領域的波濤洶湧。不論是怎麼一回事，你還是有不能控制與限制變化的範圍，不管那些言詞被評論或解讀成什麼程度、什麼樣貌。

那你要如何看待這種其實已經不是出於你所表達的初衷，也不是你想傳達的核心訊息呢？

你可以試試「分化」的練習，真正地看見你是你、別人是別人，完全的兩個個體在運作。

當他人在進行他的觀點及解讀時，他啟動的是他的直覺與批判習慣，這些來自他的「生命經驗」與「認知架構」，以及「文化框架」，他因為你的表達或文字而勾動哪個點，又從哪個角度切入，他不一定能察覺與透澈，但他可能出於慣性、本能、特質、當下身心狀態、眼光、期待、動機、目的，還有他的角色設定等等，而說出了他的評論與觀點。

雖然表面上是對著你說，像回覆你，但若再深入探查，你可能才會明白，其實那些都無關於你，只關於他自己；他所說的是他的故事、經驗、遭遇、模式、框架、習性……大多數他只是在表達他自己，如同你也只是在表達你自己。

你需要去辨識和練習，不要把他人說的話、看似回應的表達，很快地和自己連上關聯，因為真正有能力去回應別人的人，需要具備很多能力：換位思考、同理心、探討語句被建構的脈絡，無論是思想上的或是情感上的前因後果。那是非常不容易的訓練，因此不是所有人都能自動學會那些能力。

若你因此痛苦，在別人的評論中感到不被理解、被誤解、被歸咎，甚至被不斷渲染成一個連你都不知道的自己。那麼，這時你要去感受自己的遺憾和失落，雖然可能也有挫敗的感覺，畢竟那和你想要表達的目的和意義差距很大，但你不需強烈激起受害感覺，掉進去覺得被欺負與被冤枉的深淵。那是我們小時候的痛苦，當被師長或同儕錯誤評斷與解讀，甚至貼上亂七八糟的標籤時，你會有的糟糕感覺，自我懷疑、自我羞愧、不安焦慮、厭惡憤怒，或是傷心難過。

你要做的，是和自己站在一起，穩穩地與自己站在一起，或用手搭著自己的肩的感覺，跟自己說：「不怕，我有力量的，我會跟自己在一起，說自己想要說的表達，做好自己想做好的事。」

然後，真正地看明白，他人說的話都只能代表他們自己，不能代表你。當然，不會所有人都認同你，就像是各種意見一樣，有些人支持某些意見，某些人支持你的意見，但記得，無論支持或不支持你的人，也都只是在表達出他們自己。

或許，也可能看起來彷彿所有人都不支持你，看起來他們都認同也支持其他人的言論。那麼，你還是可以再靜下心來，問問自己，感受不到他人支持與認同的你，就代表不值得支持嗎？如此就一定代表你的表達是不該存在的嗎？然後，再想想為什麼有些人的表達可以那麼有力量，或好像握有某種權力似的，他想說就是想說呢？

也許不是我們的表達不該存在或發表的問題，而是我們內心渴望和諧與深度品質的交流，讓我們對於表達不受尊重和不被理解，深感錯愕和疑惑，而難以去接受處於人世，任何一種表達都會遭受到各種形形色色的人、各式各樣不同角度和意見的再解讀、再詮釋。

你需要真正地去辨識出那些真的有能力理解你、不過度詮釋你、不妄加評論你的真關係在哪？那會是你可以安心及自在表達自己的時刻，也是極為滋養的時刻。

在這些正向、充滿理解與安心善待的關係以外，除非你放棄表達、拒絕說話、漠視自己的想法和感受，不然在自我觀點的表達上，我們還是要練習「我只能說我要說的話，至於你想說的話你要自己負責」，若有達成共識的需要，那就試著從各自表達與論述中找到相近點，或是可以聚焦申論之處，若沒有什麼共識必要，甚至不需要來往接觸，那就盡快捨棄後續交談的機會，連再多一點的接觸都不必要，這也是當機立斷，避免節外生枝。

這世上，有緣分相知的人是有限的。所謂良緣則是兩者在相近的頻率、生活經驗和知識框架上能有所流動，有來有往，不僅能更多地認識對方，也更深地探知自己。這是良好也深具意義的關係，在彼此表達和聆聽之間，創造「關係」的美好經驗及價值。

然而，我們不會時時刻刻都遇到這樣的關係，若是如此，這樣的關係也顯示不出它的珍貴價值與意義，值得我們珍惜和維護。所以，我們無法去期待和強求任何遇到的關係，不分類型、角色、身分、位置、距離、親疏遠近，都要有如此讓人心悅滿足的過程。那麼，我們要去練就一身處理和看待的功夫，當互動中的表達與溝通不合拍、不順暢時，可考慮以什麼態度和方式去因應：

● 練習不反應地轉身或滑過，沒有觸擊點，就不需要做停留。

● 接受當下的發生，就像有時候旅行當中，路不通、交通工具停駛，或是必須要改道，用最小的力氣去洞悉當下的不通。

● 給自己和彼此第二次機會去重新組織和編排想要表達的內容。因此可以開放性的提問，試著澄清自己的立場和想法，並進一步觀察及評估對方是希望有意義的互動，還是借題發揮，有其強烈的用意與目的。若是後者就要避免再接觸，不需給予第三次機會。

● 在信念上，可以加強斷開連結的冥想，想像自己關上門、想像自己拿著大剪刀剪開彼此之間無形的鏈結、想像自己在深山裡，做一個隱士，不知道外面的事物，只想寧靜地享受自己的生活。

雖然有時候你的表達，就像你拿著水果吃，你不知道突然飛來的是蜜蜂？是蝴蝶？還是蒼蠅？也不知道牠們為何出現？但你知道的，那些都不是與你相關的對象，你可以選擇離開位置，走遠一點，你也可以選擇揮開牠們。但無論如何，你無法終止牠們的存在。

評論與流言蜚語就如這樣，無法終結，有人的地方或群體，就有這些事物的發生。若我們能少介入及參與這種環境或群體的活動，減少互動性，自然也少了一些麻煩事。但若我們需要藉由這些環境或群體聚落去進行某些工作或溝通，那麼為自己建立必要的處理原則及態度，並建設好內心的心理韌性，會是我們面對不可預知的變化，仍然保有內在的信心、勇氣與仁慈，重要的內在安全堡壘，不損及心理的安全感，依舊能往成就自己的目標邁進。

因此，在這一步的學習作業，我會給予以下的建議：

1. 去辨識「可以控制的是什麼」以及「不能控制的是什麼」。如果理智明明知道不能控制（例如他人的情緒），卻無法克制地想去控制，那就需要釐清那是否出於內心對情緒的不安全感使然，落入強迫性意念中。並且深察那是否來自早期被大人情緒嚇過的經驗，如今的自己已經不用像童年時那樣太需要依賴大人，深怕大人的情緒不好導致自己遭殃。如今的你可以讓他人的情緒是屬於他人的感受和心理歷程，即使他人有情緒，你仍然可以去作自己的事、安排自己的活動，進行自己覺得重要的計畫。練習將自己不能控制的部分，心中默唸：放鬆、放下、不去控制，以中斷再被大腦的不安全感支配自動化的神經迴路。

2. 在他人的行為和行動自由方面，也有我們不能干涉與控制的，那是侵犯個人被賦予的人身自由權利。若是想干涉或是控制，通常是基於我們內心不安全感所擔憂的恐懼，像是擔心不好的事會發生、擔憂對方的行為造成自己的損失，或是對方做出無法負責任的事，最後卻可能推卸到我們這裡來……等等，總之各種無邊無際的想像，尤其是認定對方的無能力、不負責任、會闖禍，諸如此類的評價，更容易造成我們的不安全感引發，而覺得非管控他人不可，絕對不能讓他人為所欲為，以致非要在他人的行為中，強加自己的意志或意念。所以不處理自己氾濫的不安全感，就會拚命想干涉及控制自己覺得有問題的他人、看不過去的他人，造成責任範圍的混淆，更因此形成強迫性人格和行為，一定要別人照著自己的規矩、安排、設定行事，才肯罷休。

所以，要練習不去控制的態度，同時要建立人我關係界限的劃分，知道哪些方面是別人的責任，也是別人的自由，哪些範圍是自己這邊可以自行控制與決定的。若真的有所交會、關聯的地方，就以討論與溝通來進行彼此意見的交換，試著找到兩方都認同的決策，而非只是由一方決定。如果有過多牽扯，也協商不出一個共識，讓彼此知道該如何進行合理合情的互動和相處，那麼必要的畫出界限，表達出自己的底線，會是不能避免的行動。

當一個人要控制的事情越少，他的心會越自由。而一個人能控制的事越少，也表示他不再需要以「控制」好所有事及細節來以為是安全感。安全感其實是一種氣定神閒、機智應變、處變不驚的心理柔韌，向來不是透過「控制」獲得的，那是人們長久的誤會。

你無法去掌握及控制那些出於你的表達，
之後會形成什麼樣的發展，
可能石沉大海、安靜無聲，
卻也可能成為颶風、海嘯般地引起生活領域的波濤洶湧。
你能做的，是做好自己想做的表達。

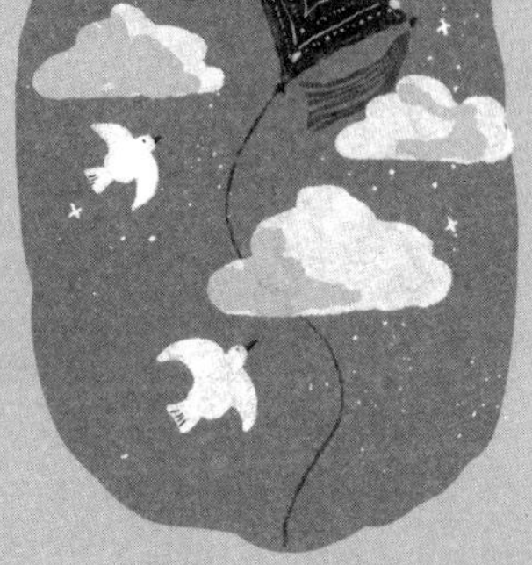

第七步：強健自我，坦然面對過往創傷的勇氣

過往遭遇的創傷或各種情感傷害，在過去，我們並不清楚明白自己究竟發生過、承受過什麼經驗或遭遇，那些傷痛又會如何堆疊在我們內心深處的幽暗處。

經歷創傷的負向情緒和負面感受，沒有出口，如泥淖、窪地深溝，沉積大量無法清理也難以處理的污濁，封閉壓抑下，不停堆疊，漸漸形成內心沼氣，失控的能量不停累積，那些刻意淡化的「我沒事」、「我不要緊」、「我無所謂」，都成為斷絕清理內心創傷的原因，對自己所承受的重創忽視及切割，以致那些陳年創傷阻礙生命的成長，總以受傷後的脆弱與無助看待自己，深怕自己再受害、再損失。

這成為我們誤解自己的開始。

當世界一直轉動、事物一直變動，但內心的傷口仍是繼續潰爛發炎，卻沒

有獲得治癒的機會轉化，只能不停地往內瓦解、往內崩塌時，不僅使我們仇視自己、敵視他人，也萬分憎惡世界。

情感的創傷，讓人不僅人生碎裂、個體分崩離析，統合不了確實的自我，也擴及一生的際遇，包括會遇見的關係。許多人所作所為帶著殘忍及仇視，那些看起來失控的摧毀行為，也是創傷後的未癒，發酵變形為對這世界的殘害。

不論是持續地傷害自己，或是持續地傷害別人，都不會是具有健康人格的人會做的事。然而，這世界傷害太多，以致於複製傷害，並且世代間不停傳遞的情形也仍在發生。能有所覺醒，明白人與人之間因為戰爭、爭鬥、衝突、對立、歧視、詐騙，造成了無數受傷、驚恐的靈魂，也使這世界無法抑制地不斷蔓延出更多的傷害，使人們無一倖免地也要經歷或承受或多或少的波及和損害，我們才有一點機會去頓悟，如何終止傷害的循環、如何不再深陷在黑暗中拒絕所有的光。

只有清醒的人，才有機會從這猶如深淵的無意識複製傷害中離開，停止再複製傷害給自己，也停止再複製更多傷害的形式給世界。

要能清晰地決定不再複製傷害，不再無意識地找尋下一個代罪羔羊，這需要勇敢的心靈，直面人性的黑暗面及造成的創傷，就如一位具仁心的醫者必須端詳任何慘不忍睹的傷口，也要直面傷痕累累、遍體鱗傷的生命，並對生命抱有一份尊重及不放棄救治的決心，才能讓受傷的人有機會獲得醫治，重返健康的生命。

我們對自己要有這一份仁心、這一份決心，不是等待任何一個人來拯救我們，而是我們能從內培養一個願意不放棄救治自己的有力量自我。

從學習知識開始，願意重新培養照護我們自己的耐心態度，能一點一滴的以新的善待自己的方式或技巧，陪自己從生命的碎裂中，慢慢復健、恢復健康。

所以，在重建內在安全感的歷程，我們無法迴避去往深處的傷痛處，端詳仔細是什麼樣情況的傷害造成如此的傷口？

倘若我們仍然活在過去的創傷中，被情緒陰霾籠罩，時刻活在恐懼裡，擔心受怕再遇到過往相似的創傷經驗，那麼就無法避免必須讓自己啟動高敏感的不安全感反應，以預防傷害靠近。

但這種驚弓之鳥的狀態，勢必讓我們無法飛翔。即使籠牢大門已開，驚嚇我們的人事物也不在了，但陷落在陰霾之人，是不會相信外面的世界很大，天空遼闊，有可以安歇寧靜的地方，所以不敢離開，沒有勇氣冒險，連相信的意願都沒有。於是，創傷的經驗會不斷挾持我們的心靈、剝奪我們的自由，讓我們只認同創傷的存在，放棄相信生命有其他的可能。

只有當我們能對創傷的發生坦然以對，並且將創傷視為生命歷程的一種經驗（當然這種經驗沒有人喜歡），而非認同是自己失敗、不堪與羞恥，終止再以創傷經歷，強加對自己的埋怨、指責和憎恨，那些創傷經驗在我們心靈間，才能慢慢地化解，以新的詮釋及定義來安放創傷經驗於我們的生命中。重新看待創傷，以新的態度理解那些創傷發生的複雜性因素，不單一歸咎在自己身上，同時也看見自己過往在創傷經驗中，有許多缺乏的認知、不懂、不理解或年紀太小、太輕，以致沒有資源及能力去做點什麼，這些都可能使創傷發生。

坦然面對過往創傷的勇氣，是承認受傷的發生，這一份承認的本質即是很大的勇氣。要能看見傷害發生，也等於承認了這世界有黑暗和不理想之處，勇於承認的過程，即使內心會害怕，也不對遍體鱗傷的自己撇頭不看。

在你真正地看到自己的遍體鱗傷，真實感受到自己內心曾經如何地驚嚇、驚慌、痛苦與不安，如果你能跟在那些經歷中的自己真正地情感連結，你會真正地覺悟出他多麼需要一份同在、支持與陪伴，也需要一份義無反顧的保護力量，想給在那些創傷經歷中的脆弱自己。

所以承認創傷發生，才能真實看見自己受傷，才能承認自己的痛苦，也才能確認自己的傷勢以及所需要的療傷資源和協助。拒絕承認創傷發生，也是拒絕看見受了傷的自己，同時把受傷後所需要的協助及療傷資源一併都撇除。

重新修復心理的不安全感，是著手把自己從過去驚慌失措的封存記憶中解救出來，不再任由受傷受苦的記憶不斷地再侵蝕自己、威嚇自己。讓那些經歷在那些時空裡安歇下來，知道它發生了，但它過去了，也許創傷後影響和後座力仍在，但我們真正要做的，不是讓創傷循環不停地壓迫身心，而是讓我們內心要設置足夠有保護力的安全地基、安全堡壘，隔離傷害再繼續侵害，並獲得足夠安全的內在空間好好療癒。

習得安全感的歷程，也是對經驗過創傷的自己施予援手，給那個受盡苦難的自己安心的擁抱。讓那個自己知道遭受那些創傷不是他的錯，不是他不好，也不是因為他存在，而是因為這世界有惡行會發生，也有惡質的人存在。惡質的人、惡劣的事、惡意的行為都是真實存在的，但不意謂著當我們遇到，就是我們的錯。

而在習得安全感的學習歷程，即是重新學習在辨識惡質的人、惡劣的事和惡意的行為，都有更清楚的認知，不再含糊不清，以不太明確的價值觀去看待那些惡質的事。因為自己承受過，也因為瞭解獨自承受時和承受後的辛苦，更清楚明白那些創傷對人的打擊和傷害都會造成很難彌補的損傷。因此，更不能認同和妥協。

當你有清楚明辨善惡的價值觀，也能深刻地探知創傷對人的身心會造成什麼樣的傷害，才不會合理化那些惡質的事發生，並且把本該真正負起罪疚責任的人弄混。不會再把他人錯誤和惡意的行為，都歸咎於自己的存在，彷彿自己只能無力地承受、無奈地認同。

當你克服創傷所帶給你的陰霾及諸多扭曲的負面影響，我們需要建立明確的新信念，相信自己的生命值得康健、值得擁有安康的生命。透過這一份堅定想照顧好自己的力量，把自己視為生命裡一個非常重要的人，你希望這一個人健壯、幸福、安心，不再受風風雨雨侵擾。

在這一步的學習作業，我建議：

想像把自己視為一間庇護所的所長，庇護所裡照顧經歷創傷與各種受苦的自己，那個受傷與受苦的自己不僅身體有傷、心靈有苦，同時對其存在感、價值觀、信任感和心理安全感，皆有許多破壞。因此要能瞭解療傷並不容易，歷程中可能會有反覆迂迴的情況，好似好轉又瞬間跌落。就如重大傷病的艱難病情，無法很快速地痊癒，讓診治告一段落，反而可能進出治療所，施予各種治療、復健計畫，或是來回手術，也不一定會有我們希望樂見的進展。

所以，不對自己的修復過程或重建之路，抱持過度樂觀或完美的想像，但也不是要極端喪志，認為無論怎麼做都沒用。在自我修復與重建的歷程中，我建議雖然步履蹣跚，但只要有走，都是前進。

承認創傷發生，才能真實看見自己受傷，
才能確認自己的傷勢以及所需要的療傷資源和協助。

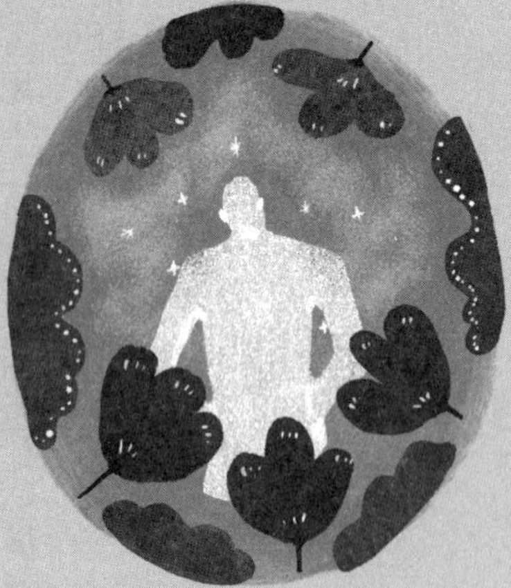

第八步：盡量朝向明智的抉擇

不安全感雖然有生物性的因素，恐懼危險、害怕喪命，必須透過啟動不安全感來爭取保命的機會，讓自己獲得生存。

然而，若生活中只剩下不安全感，時時刻刻、方方面面皆只注意到不安全訊息，高警覺性時常引發心理不安全感，那長期下來勢必會令我們身心俱疲，疲憊不堪，造成身心機能耗竭，反而因此致病及提早喪命也說不定。對任何生物來說，一刻都無法感受到輕鬆、安心、安全，無疑是對生命的殘害及虐待。

所以人類努力地去完成各種能促進安全生活的環境，也以各種生存需求的安全保障來讓人的一生可以真正實現幸福，活得好、活得健康、獲得長壽。例如：飲食安全、藥品安全、住宅安全、行車行走安全、設備安全、職場環境安全、校園安全……等等，雖然還有很大改善的空間，但一個文明進步的社會，仍會落實各種民生的安全，持續努力地建設能安居樂業的社會環境。

對我們個體也是如此。把自己當成一個國度來看，你是領導自己這個國度的總理，擁有最高的行政權力，要發揮最好的效率及管理能力來建設自己這個國度的「安全保障」，你會怎麼設計？怎麼規劃？如何建造？如何取捨安全建設的優先順序？

再想回來，如果有一個國家，總理是一個無法進行明智思考，活在總擔心自己做不好這個、做不好那個，又時常陷於害怕被批評和壞評價，總是受內心的焦慮不安壓迫，無法做出什麼決定，以致必須延宕決策，不做任何計畫，以求自保，認為只要不做任何嘗試，就不會有任何錯誤可被議論。試問這樣的一位總理，你認為如何？你是否會真的認為一個國家的總理什麼決策都不做、任何計畫都不推動，也沒有任何願景和方針，對一個國家是最好的？這樣的總理該重視的是自己認為的安全感和回饋評價，還是需要重視一個國家真正需要的建設和發展？

現在再想回來，你自己就是你整個人（這個國度）的總理，需要管理你這個人各個部分的功能及統合運作。不但如此，還要有能力發展對外的關係和建立交流的機會，使你這個人內部的特質和長處，獲得最佳的獲益，同時也有益於世界，共同打造足以讓人類福祉得以實現的力量。你若清楚了這一份想實現的目標，也瞭解自己希望內在是什麼樣的情景，可以預期自己內在有什麼樣的建設與發展，那麼從務實的角度來說，你需要逐一分析、客觀評估你要怎麼做才能建構內心安居樂業、安身立命的生命品質。

在這方面，我認為理智的力量是重要的，但並非是超理智，切割情感的那種狀態，那反而是壓抑及把自我分裂了。所謂理智的能力，是能夠在危急之時，或情境有所衝突之際，還是能保持冷靜，內建不受外境立即波及的防護網或防震器，有足夠的心理空間保持思索與明智判斷，不會只受情緒支配與主導。

人所做的明智決定皆需如此，不是那種切除情感因素、不顧慮情感層面，對情緒一刀兩斷下所做的決定，稱為「理智」，而是那種可以參考及涵容情感的訊息，接收到情緒的提示，同時保持理智的功能，知道明辨客觀情境，以及掌握自己的資源，調控內心激起的動盪和一時的失衡，並權衡利弊得失下所做的決定。

以重建安全感能力來說，其最大的考驗，在於當發生一件非預期的事件，以及面對外界的風波時，我們內心有多少處理危機的經驗，又有多少能判斷情勢是什麼，客觀地分析問題的能力？

這是非常需要理智的協力，單憑情緒的自動反應和警覺訊息，只能告訴我們「有狀況」、「有問題」，卻無法告訴我們應當如何正確行動及處理，才能獲得更大的求生機會。

這就像是遇到大地震時，國家警報的發布，能夠啟動你的情緒，立刻警覺、警醒，甚至同時也引發了慌張焦急，但能夠知道當下該做什麼處置和移動，則是平常所做的教育訓練能在當下給予我們知識、資訊、判斷的依據，透過客觀觀察來抉擇我們能當機立斷做的抉擇。

習得安全感的歷程，勢必要有重新學習分析情勢、解決問題、執行具體實施方法的過程，就像是達人，要練就一門技藝，要反覆操練，失敗了要不間斷地繼續修正、再練習，練到領悟技巧、掌握訣竅，練到成為自己的真功夫，甚至是一種已內化為自己一部分自然而然的動作，才能展現爐火純青的精純境界。

所以在這一步的練習，我會建議好好學習辨識快思慢想的能力與技術。快思是來自生命經驗的自動化，很快地就會讓我們的身心、認知及情緒都有自動的反射反應，很敏銳卻也充滿情緒性，因此容易誤判，並造成各種認知偏誤。屬於我們心智的第一系統。你會有敏感度很快地就反應出危險所在，或他人與情境哪裡可能出問題了，但即使如此，你仍要練就慢想，這屬於後天練就的第二系統。第二系統的特性是慢，需要動用到注意力去做較為費力的心智活動（這是原生大腦不愛的），包括複雜的計算、估算、評估。系統二的運作通常和選擇有關，也關係到專注力的問題。往往無法專注思考的人，更傾向快速思考，但其實不是思考，而是用習慣或是自動反應去簡化需要思考的歷程。

關於安全感的辨識，許多人正是如此，用快思系統（捷思法）去反應和非理性判斷，被自己的情緒恐嚇及支配而造成內部紛亂、情緒動盪不安，然後下了一個想立刻解決這種不舒服情緒、不適狀況的決定，來避免損失，但其實不但沒有避免損失，還可以造成更嚴重的誤判、更離譜的損失。例如很多受詐騙集團支配，用不實訊息操弄的受害者，他們正是被這個快思第一系統所驅使，而無法進行第二系統的運作。

其實第二系統的練習和讓它可以運作順暢，重點就在於多練、多運用，和學習各種技藝一樣。就如我們要訓練ＡＩ適合我們使用，就是要讓它多被用、多回答問題，並在反覆運作中，能漸漸地學習如何理解和回答問題可以更順暢、更好用。

第二系統是屬於後天練就的，不屬於先天與原生內建的。原生內建的還是偏向屬於演化過程所需要的生存本能，是屬於情緒性的，不屬於認知思考性的。所以在第二系統的運作和練習上，第一，你要練習能慢和穩，不被內心的焦急，一種火燒屁股的焦慮感所催逼，而無法為自己挪出足夠的心理空間，容許自己先慢再想。

允許自己「先慢慢來，也沒關係」，再來允許自己「我可以再想想、我需要想一下」。無法讓自己慢和等的人，幾乎是被自己內心不安全感焦慮及緊張支配的人，也就是走第一系統運作。對他而言，不立馬解決任何冒出來的問題，都是一種危險，根本不是從好好辨識與釐清後所下的判斷。

越無意識在第一系統中運作的人，要習得安全感就越困難。腦中不停催著：「快快快快快」的人，哪有心理的餘裕可以允許自己慢慢來、慢慢想呢？

當然我們也不是要去除第一系統的運作功能，基本上它是屬於原生內建的系統，你也去除不了，而是在原來的系統中升級，成為第二系統的高效能，能辨識真正能夠處理與解決的有效方法，像是能探究、研究、研發、創造、創新，皆是第二系統所主掌的功能。

慢想，強調的是客觀性、數據、實際統計，也就是如果你有一種「不帶雨傘出門會怪怪的，一定會遇到下雨」的感覺，而覺得有不安全感，然後必須帶有強迫性地非要自己無論今天氣象報告如何都必須帶雨傘出門的情況，這就屬於是第一系統的運作，可能因為記憶中自己曾經因為沒帶傘，家裡又沒有人能幫忙送傘，而淋大雨變成落湯雞，使得這一份記憶留存了自己是狼狽、可憐、失落的印象，因而很不希望再有類似的情境感受，情緒的陰霾努力要避免再去經歷自己的孤單和存在不重要的感受，所以在立即性、敏感性的情緒激發下，不帶雨傘就會激起某種強烈不適感、窘迫感和焦慮感，非帶不可。

從這一份看似是為了獲得安全感，其實是恐懼經歷損失感（內心對於自己存在價值與自尊的某些損失感受）的衝動中，要做出真正理性判斷和抉擇，我們就需要沉靜下來，好好啟動第二系統，沉思慢想自己在過往的經驗和記憶中，到底壓抑及隱藏了什麼感受的自己，而自己始終迴避、不願承認，又擔心害怕它再度發生、再次面臨。

除了如第七步驟中所說，要把情緒創傷中的自己承認和擁抱回來，並給予具同理和支持的理解和安慰之外，就第二系統來說，我們就需要真切地回想，反問自己：我帶了雨傘出門，到底遇到了幾次下雨？又有多少次真的外出後下雨，我很慶幸我真的帶傘了？如果我現在忘了帶傘，我真的沒有別的方法可以做別的安排及處理？以及現在天氣的型態及社會情境，我因為沒有帶傘而寸步難行、落入無助的狀態，這樣發生的機率會有多少？

在訓練第二系統的慢想，以得確切的客觀資料，除了願意慢、停下來，不被情緒立刻支配，再來就是能練習問出重要的問題，或是能幫助我們運作更具客觀、理智、邏輯思考歷程的問題。要能不急著做判斷，就需不以過去的已知來做解釋，以為現在的未知就如過去的已知一樣，同樣反應就好了。

如果我們瞭解，過去的經驗確實讓我們有些已知，但現在其實是蘊含著未知，而未來有更多的未知，面對未知的方法是建立方法去認識與解析未知，但不落入總是習慣性想以已知來解釋未知，如此才能不反覆地落入認知偏誤，並被過往的經驗所侷限。

允許自己「先慢慢來，也沒關係」。

無法讓自己慢和等的人，

幾乎是被自己內心不安全感焦慮及緊張支配的人。

第九步：為自己補充典範與楷模

你可能生活周遭充滿著焦慮不安的人，而這些人極有可能是你原生家庭的父親或母親，或是你的伴侶，又或是你的重要友人。如果你生活中原本就存在著很焦慮不安的人，尤其在你的原生家庭裡，那麼在你的日常經驗，你所看到、所體驗到的焦慮與不安情緒，多少也會被你吸收到，在從小耳濡目染下，你會以為過生活的方式，都需要以焦慮、急躁、如臨大敵般的反應，才是一種生活的態度，一種自然反應。卻對安穩、安定、處之泰然的態度一無所知。

這也是許多人在請問我關於重建安全感、修復依戀關係等問題時，會向我提及的問題：「我沒有見過什麼是安全依戀的人，我也沒看過在關係中有安全感的人如何與伴侶相處和互動，我根本不知道什麼行為和態度才是一位具有安全感的人會有的表現，我究竟要如何改變？」

當然，也會遇到有人直接否定，畢竟在他的生活體驗上，根本不覺得有遇過什麼具有安全感的人，能創造和經營具有安全感的依戀關係，直接就會說：「這世界根本沒有這種人，能在關係中不做那些背叛、欺負、壓制、羞辱和不尊重人的行為。只要是人，人的壞行為就一大堆。」因為過往的經驗充滿傷痛和傷害，以致有這樣的念頭是可以理解的，但仍是屬於一種認知偏誤，以偏概全。

在我們的社會中，大多數的人可能都會有這樣的感覺，要學習建立安全感，並在關係中成為一個有安全感、能安心的人，實在太難了，畢竟大多數的生活體驗經驗，人際關係的傷害及各種親密關係中的背叛、翻臉、惡言相向，是那麼經常遇到、見到。

即使如此，在學習一項新能力或新技藝的歷程，有一位楷模或典範仍是重要的。這位楷模或典範，讓我們能懷抱信心和希望，相信這是真實存在的人，也是可實現的狀態。

我們可以從三個途徑去尋找看看，是否有可以讓你借鏡學習的，或是此人分享出一些具安全感的觀點、具安全感的行為，以及在人際關係中可以讓你感受到他的自在與安定，這樣的對象皆是可以的。我們並非在找完美的人，所以不需要高度理想化對方，以為當對方具有安全感，就是各種正面面貌集於一身。事實上，一個真正有安全感的人，通常是對自己的長處或弱處、自己的陽光面與陰暗面都有所認識及瞭解，才能從接納自己所長成的模樣去展現自己。如果一定要呈現光明面，或很刻意地要表現某種樂觀、積極和自信，那不一定是具有安全感的人，反而可能是更刻意要隱藏自己不為人知陰暗面的表現。

在選擇你習得安全感的楷模或典範，也就是學習上的前輩，你要啟動第二系統的慢想，透過觀察和實際事證去慢慢地找到這個人。不是偶像效應，也不是自己的投射想像，更不是出於自己的期待設定，那些都會失真，也可能產生月暈效應，以第一印象好就以為對方凡事都優秀、都好。

安全感就我們第一章所參考的測驗題中，你會看到陳述裡有幾種指標，像是：能不能說出自己的主見、能不能有確定的生活目標、對於和別人意見不同時可以處之泰然，不過度壓抑及貶抑自己，也不跋扈地去控制別人、暴躁地訓斥別人。能在待人接物上，展現出穩定的態度，情緒穩定，表達問題及界限方面的處理和調動也穩定，不會若即若離、忽遠忽近。而靠近他身邊，也能感受到一種放心與安全，不用小心要表現出什麼，也不用刻意投其所好，否則關係中會有衝突和對立感。

你不需強調此人是否完美到零負評、零爭議，這是一種苛刻，同時也還是基於不安全感作祟，擔心自己相信錯人，後果會讓人很後悔、不甘心為什麼當初要選擇相信這個人夠好。

我們要很清楚之所以選擇一個楷模或典範的原因，是要觀摩一個有安全感的人會怎樣過生活、怎麼在關係中自處自立、如何在職場與人互動和合作。我們也不用全面模仿或全面效法，甚至只是體會與觀察其內在有一種安定的力量，做事不慍不火、做人不卑不亢，就已是相當有收穫的事。

重要的是去觀察、感受與領會出怎麼做、怎麼表現，能趨近成為一個具有心理安全感的人。這才是我們學習的目的，而不是找一個人來崇拜和追隨。

三種途徑分別是：

1. 從生活周邊的人去搜尋及辨識：從最近的互動多的家人、親人、朋友，以及工作、職場或社會環境會有所互動的人，皆可以去體察看看對方是否做出了什麼行為或態度，讓你感受過一份安全感的展現，也令你感到安心。也許此人不是時常相處或遇到的，但只要你感受到，都可以作為學習參考的對象。

2. 從社會人士去搜尋和辨識：例如生活中偶爾會接觸到的專業人士、生活服務者、店家，以及某些因為社會活動而會接觸到的人，誰能讓你感覺安心及可信任，他呈現的身心界限是如何表現出某種讓人放心的設立，不令人為難、不讓人感受到壓迫，也不會讓人覺得過於疏離和淡漠，是一種安心和安穩地存在。

3. 可從社會或世界的知名人物去獲取參考：這一途徑比較不那麼真實，畢竟不是生活周遭就可以接觸到的人，所以只能以社會媒體的呈現，或被發表的報導中感知，這多少還是來自我們單方面的認為、評定。不過還是可以運用，就把對方有呈現出的某種穩定表現或穩定人格，像是遇到挫折或艱困問題時的處理態度和解決方式，以此觀察和體會對方如何穩定自我去因應、克服和解決。

基本上，安全感受損的人，會對不安全感的呈現很敏銳、敏感，例如對方的焦慮、急促、催逼或亟欲控制，因此也會瞬間有被對方牽動與拉扯急速失控的感覺，隨之一起憂慮交迫。所以，辨識出不安全感重的人或許並不困難，倒是要認出具有安全感的人，可能真的需要摸索、假設、觀察和整理心得。雖說有難度，但大概也知道能讓人感受到可信任和可信靠的人是給人什麼感覺，除非我們內心的不安全感過於激烈與充塞心理空間，造成無法辨識出什麼是可信任、可信靠的人，廣泛性地認為這世界皆不可信任，不然要從觀察和體會中去辨識，應還是可以有所發現、有所覺察。

有人示範總能讓我們事半功倍。若是無從得知一位有安全感的人是怎麼活在世上的，又如何與人相處及建立友善關係的，想要單憑想像去拆解和建立，恐怕都還是如瞎子摸象，在看不清中誤以為自己知道。

安全感的建立如我們之前談過的，多少和家庭資本、經濟資本和社會資本，以及心理資本有相關。若一個人困頓於自己的家庭支持匱乏、經濟條件不足、社會資源與社會關係薄弱，而心理資本長期生活下來，早已情緒負重、自我挫敗感和自我厭惡強，那麼要讓他保有具有希望感及務實樂觀能力的心理韌性，恐怕也會彈性疲乏、精疲力竭。

可是，安全感具備的人也比較可能建構家庭資本、經濟資本、社會資本和心理資本。若是必須要萬事俱備、什麼條件都有才說自己有建立安全感的底氣，也不必然。缺失安全感的人，會難以建立和蓄存好的資本、好的關係，要把各種能獲得安全感的條件都具備才說自己有安全感，基本上就是弔詭的論點。

在這些矛盾及弔詭的論點上，大家還是可以再繼續觀察、繼續收集樣本，再繼續深究，究竟安全感和生存資本之間，是先有安全感？還是先有生存資本？

從小到大我也是在布滿各種威脅、不安、恐嚇及暴力環境中長大的孩子，成長過程我可以深刻地體驗到不安全感如何影響我的為人處事，又如何影響我人生做的各種選擇。雖然我曾經無意識地受不安全感支配，產生各種複製性的關係傷痛，也重演許多幼年時遭遇到的情感創傷，雖然更動這些制約與框架極其困難，但我仍試圖要突破、超越，相信自己有迎接新人生局面、提升新心智系統的能力。雖然跌跌撞撞、前進倒退，也時不時還是會受外界情境風吹草動的驚嚇，但我很慶幸在習得安全感的路程中，我遇到許多人讓我經驗到何為不恐懼的關係、何為受尊重與祝福的關係、何為支持性和具滋養的關係。

我更是非常感謝與慶幸，我有認識超過三十年的摯友，雖然生活軌道各分東西，但要能在彼此有不同人生歷程及生命課題的忙碌中，維繫一份相聚即能坦誠、相遇即能自在交流的友誼關係，並能感知及分享各自在生命旅途的成長體驗，若非我們皆在關係中注入安全感、信任感、自在感，那麼滋養性和成長性的關係也很難延續。

具有習得安全感助力的人，不用多但在於品質。如果生命中能有幾個能讓我們經歷到一份尊重及接納的體驗，能安心及自在地呈現自己，這不只是幸運，也是一種真實的幸福，更是習得安全感的重要修正與修復經驗，非常寶貴。

一個真正有安全感的人，
通常是對自己的長處或弱處都有所認識及瞭解，
才能從接納自己所長成的模樣去展現自己。

第十步：相信「我是」的力量

我們的「自我」成長有三個階段：第一個階段，自我萌生卻渺小，意志虛弱，渴望他人時時刻刻的協助與關照，不對自己具有信心，時常恐懼和不安，因此為了換得他人的不離不棄，更是會自我去除成長的機會，寧可放棄自我，也不願失去關係。

第二個階段，若能踏上此階段，那往往代表此人經歷過一再期待、一再失望的歷程，到最後一根生存焦慮的稻草襲來，終於明白人生在世，要鍛鍊自我保護的能力和力量，不然則隨時任人魚肉，無力擁有自主權利，時常受制於人。

這是好的開始，也是自我意識的覺醒。然而，因為是帶著驚濤駭浪的心有餘悸踏上第二階段，因此這個階段對外界事物特別敏感，也特別有反應，隨時隨處自我指涉，覺得別人的一舉一動都是來壓迫自己、欺負自己。

所以這個階段戒慎恐懼、草木皆兵，環境只是一個再小不過的事情，都可能席捲成我們內在的颶風，不斷地想和環境對抗，也氣憤自己的氣力不足，穩定度不夠。這時的內在不安感、焦慮不定尤其嚴重。

反覆加以領略與自我修正後，我們就有機會踏上第三階段，行走得宜，心態自如自在。

到了第三階段，意謂著你已經明白「自己是自己，別人是別人」，個體與個體之間的牽連不再那麼混亂，隨時牽扯不清。

明白了每個人都可以有自己合理的生存空間，和價值觀的選擇，沒有誰必須全部要依附誰，也沒有誰必須要確保被所有人滿意。

心安理得、自持心性，明白誰也無法救贖誰，除了每個人自己，不要去巴望誰能救贖你。

此時你也不必再把周圍環境的所有事情都指涉回自己身上，總是反應許多個人主觀的意見和感受，總是那麼容易把別人的事當做自己的事、總是分不清楚課題的歸屬、總是忙著要拯救誰或要誰來證明你的存在有價值、是重要的。

你甚至不太需要因他人不客觀且充滿偏見的行為或觀點而深陷情緒泥淖中，你會清楚看見你不在他的認為裡，更不在他傲慢隨意的對待和評論裡。

你不在那裡。你在你自己身上，你是你自己這個主體，你完整地呼吸、行走、移動、感受、思想，你有你的方向，即使這個方向人煙稀少，也無人在側，也不打緊。

因為你知道，從頭到尾，其實真正與你同在的，只有你自己。這是你不能遺失的，也不會失去的。至於別人，就僅僅是另一個別人。他也是他自己，有他自己的課題、有他的習氣和形成的脈絡，如此而已。

此時的你體驗到的是，你是真實的自己，無法假扮是其他人，也真的無法去擔負讓他人生活滿意、風調雨順的重責大任。而真正對你而言，最重要的是，回歸自己的一生，體會「我是」的力量。

為什麼要體會「我是」（I AM）的力量呢？因為我們能展現的自我力量來源，

是來自對自己的「認同」。你認同自己是什麼，你就會活出符合那個認同的樣貌、舉止、思考及情感模式。

人所有的呈現及反應皆是來自對自己的認同，你認同自己是魯蛇（LOSER），你會呈現及反映出所有符合「我是魯蛇」的言行舉止；若你認同的自己是「我是自在安定的」，你會因為認同而呈現出符合的言行舉止。

不論認同的是負面的還是正面的，因為認同了，都有一種能量存在，無法輕易調動鬆動。所以把自己負面化的人不易變動，把自己正面化的人也一樣不易變動，這就是「我是」的力量。

雖然不易變動，但有一個關鍵人物卻能一下子就解開這一份認定，往另一種認同移動，那就是「自己」。

我的博班同學分享了一個家庭的真實例子，她說她父親是一個長久以來吸菸的人，是重度吸菸者，沒有人可以改變，勸不動，叨唸也沒用。但因為要抱孫女，不希望讓孫女聞到二手菸，二話不說就說他不抽菸了，他是一個不抽菸的阿公。從那天之後，我同學的父親就徹徹底底不抽菸了，一點勉強和拉扯都沒有。

要做一個有安全感的人，我們也要試著面對自己和審察自己，你真的有要成為一個具有安全感的人嗎？你真的想要建立信任與開放交流的關係嗎？你真的願意相信你是一個活得自在安然的人嗎？

你可以試著練習說給自己聽，並且去感受你體內（各器官）的反應，和情緒的歷程，是否都整體接受自己的認同，請你跟自己說以下的句子：

- 我是有安全感的人。
- 我是有生命價值的人。
- 我是自在與安心的。
- 我是能創造想要的生活的人。
- 我是值得心安理得活在這世上的人。
- 無論遭遇什麼事情，無論順不順遂，我是值得好好被善待與關懷的人。

- 我是一個有基本權利的人，能自在表達、能充分感受，能選擇隨心所欲不逾矩的決定。

這些句子，試著緩緩地說出來，輸送到自己的內在、全身，感受到自己認不認同，給予自己覺察的歷程。不批判，而是以真實的感受及反應，去覺察自己和這些認同之間的距離，也可能還有一些破壞性的信念在我們建立安全感的過程中製造障礙。

當然，一個人要認同自己是什麼，無法勉強和強逼，那是關於自己這個人結合他所有經歷的體會，也是他給予自己的認定。如果你發現還是很難認同具有安全感的自我定義，那也先接納是目前呈現的一個事實，但不因這樣就對自己予以嚴厲批判和訓斥，再對自己進行一波的攻擊和情緒性指控。那會重複對安全感再次破壞，造成重建安全感的路途坑坑洞洞，更加難行。

如果，因為認同的轉換及移動有困難，而能對這樣一個始終不放棄修復內在安全感的自己予以接納、安慰及支持，這也是我們心理安全感的一份滋養和寬慰，讓我們能從與自己的關係中，慢慢地體會與自己和平相處、安心安全，沒有傷害。

只要我們願意修復，以「活成一個有心理安全感的人」為生命方向，那麼無論是外在歷練、內在鍛造，即使再慢，都會有獲得的。

你是真實的自己，無法假扮是其他人，
也真的無法去擔負讓他人生活滿意、
風調雨順的重責大任。

結語——愛護自己的力量多大，安全感即有多大

情緒穩定及具有正向情感能量的人，大多是被愛長大的，並且感受得到環境重要他人對其的愛護及關懷。在他的生活環境中，他不需要時時刻刻擔憂他人的情緒起伏不定，以致對他的態度時好時壞，時而親近時而疏離，甚至去忍受最親近的人無預期的情緒暴力和精神壓迫。

從這個論點來說，若我們對待自己，只要和自己對話或興起任何的想法念頭，常出現猶如童年及原生家庭的情況，行使許多代間複製的對待方式對待自己、評斷自己，那麼反覆地重現創傷痛苦是可預料的，因為我們並未終止錯誤的照顧方式，未停止在內心再度重演過往可怕的環境和情境，來威嚇自己。

換言之，若我們終止童年的制約及過度認同暴力及情緒性傷害的內化行為，

那我們就為自己的生命爭取到更多療癒的空間、心理復健的機會。

每壓迫自己一次，每漠視自己一次，就等於再遺棄自己一次、再輕視自己一次，以致療癒修復的道路遙遙無期。

然而就如榮格所說：「健康的人不會折磨他人，往往是那些曾受折磨的人轉而成為折磨他人者。」如果我們仍是有意無意地折磨自己，並且認同了他人的虐待，甚至分辨不出健康的行為和不健康的行為，那麼恐怕我們仍處於尚未恢復健康的狀態。那麼對自己、對他人、對重要的關係，還是無法深刻地明白尊重和友善，是一個不健康的人會自然而然做出的反應。

對我而言，安全感修復，也是愛的修復。因為愛是最大的力量，這世間因為愛的緣故，很多不可能的事情都化為可能。因為想要守護和護全，許多人超越安全感的制約，願意冒更大的險、經歷更大的苦難，只為守護某些重要的信念及價值。

相同的，若你認為愛更重要，守護更為寶貴，那麼你可以去體驗為了愛與守護，你如何從內心原本的限制與框架去突破，成為一個極具勇氣的生命、擁有極大的超越力量，經歷到前所未有的「我能」。這一份相信與信念，讓你不再受制於生物性的安全感需求圈裡，而是相信這世界的寬廣，正等著你去開創、探索和閱歷。

不論你是否有宗教皈依，經歷過與更大的力量同行，但能經驗與自己安穩同在，我們心靈也可從中經驗到安全感。那是充實精神的一份力量，超越了物質的扁平及簡化，對生命各種經驗抱持著開放，陪自己一路體驗、一路覺察、一路領悟，以好奇心發現有趣的經歷，感受心靈不執著的一份自由與寬廣，這些生命的獲得只要是自己心悅誠服的，都不需交由誰定義和論斷。

沒有什麼人生體驗是絕對壞、絕對差、絕對白費，一切經歷的最終結語，仍在你的定義與詮釋。請試試看，為自己的人生開創出新的可能和機會，因為有基本的心理安全感和自信，你要經歷屬於自己的人生，盡興、樂在其中地活出自己生命的故事，創造你想要的人生版本。

國家圖書館出版品預行編目資料

習得安全感：打破焦慮循環，終止情緒內耗的安定練習 / 蘇絢慧 著. --初版. --
臺北市：平安文化, 2024.11 面；公分. --
(平安叢書；第0817種)（Upward；164）

ISBN 978-626-7397-80-0 (平裝)

1.CST：安全感 2.CST：自我肯定 3.CST：自我實現 4.CST：生活指導

177.2 113014594

平安叢書第0817種
UPWARD 164
習得安全感
打破焦慮循環，終止情緒內耗的安定練習

作　　者—蘇絢慧
發 行 人—平　雲
出版發行—平安文化有限公司
台北市敦化北路120巷50號
電話◎02-27168888
郵撥帳號◎18420815號
皇冠出版社(香港)有限公司
香港銅鑼灣道180號百樂商業中心
19字樓1903室
電話◎2529-1778　傳真◎2527-0904
總 編 輯—許婷婷
執行主編—平　靜
責任編輯—張懿祥
美術設計—Dinner Illustration
行銷企劃—鄭雅方
著作完成日期—2024年
初版一刷日期—2024年11月
初版二刷日期—2024年12月
法律顧問—王惠光律師

讀者服務傳真專線◎02-27150507
電腦編號◎425164
ISBN◎978-626-7397-80-0
Printed in Taiwan
本書定價◎新台幣380元/港幣127元